해답

IFRS 반영

회계학원론

강선민 김병조 김진욱 한봉희 공저

제6판

PRINCIPLES OF ACCOUNTING

창 민 사

머 리 말

이 책의 목표는 독자에게 기업의 재무제표를 해독할 수 있는 기본능력을 심어주는 데 있다. 이 책은 필자들이 우리나라와 외국의 대학에서 다년간 회계학을 강의한 경험을 토대로 집필하였다. 이 책을 집필함에 있어 가장 신경을 쓴 부분은 논리의 체계적인 전개와 일관성이다. 개념이나 주제의 백화점식 나열을 지양하고 원론 수준에서 꼭 필요한 개념과 주제를 엄선하여 이들을 군더더기 없이 논리적으로 그리고 깊이 있게 설명하는 데 주력하였다. 또한 독자가 기본적인 개념을 쉽게 이해할 수 있도록 내용을 평이하게 서술하는 데 초점을 두었다.

이 책은 현재 우리나라는 물론 대다수의 국가들이 채택하고 있는 국제회계기준(IFRS)을 반영하고 있다. 이 책을 집필함에 있어 우리들이 지향한 바는 국제회계기준의 새로운 내용들을 충실이 반영하되 논리의 체계적인 전개와 일관성을 유지하는 것이었다. 그렇지 않고 자칫하다가는 이 책이 회계를 처음 배우는 학생들에게 회계학의 이치를 깨우치게 하는 것이 아니라, 국제회계기준의 내용만을 원론적으로 소개하게 될 수 있기 때문이다.

이 책의 구성은 다음과 같다. 제1장부터 제4장까지는 재무회계의 기본개념과 원리를 총체적으로 다루는 총론이다. 제5장부터 제11장까지는 재무회계의 각론, 즉 계정과목론에 해당한다. 여기서는 재무제표의 여러 계정과목의 회계처리와 이러한 회계처리의 기저에 깔려있는 이론을 다룬다. 추가적으로 제12장은 현금흐름표에 대한 전반적인 이해와 이의 작성을 논하고 있으며, 제13장은 재무회계의 개념체계를 소개하고 있다. 제14장과 제15장은 이용자 측면에서 재무제표의 내용과 활용기법을 소개하고 있다.

이 책은 한 학기 또는 두 학기에 걸쳐 강의할 수 있다. 한 학기용으로는 이 책의 제1장부터 제11장(자본)까지 보론을 제외한 주요 내용만을 강의하면 될 것이다. 제12장(현금흐름표)은 중급재무회계에서 보다 자세히 다룰 내용이고, 제13장부터 제15장까지는 11장까지의 핵심내용을 이해한 학생이라면 스스로도 익힐 수 있는 내용이다. 이 책의 내용을 상세히 강의하고 대부분의 연습문제까지 다룬다면 두 학기가 적정할 터인데, 이 경우,

첫 학기는 제1장부터 제8장까지, 둘째 학기는 제9장부터 제15장까지 다루면 될 것이다.

이 개정판의 편집에 수고하신 창민사 직원 여러분과 윤동구 사장님께 감사드린다.

2025년 8월

강선민 skang@cau.ac.kr
김병조 k24337@hs.ac.kr
김진욱 jinkim@konkuk.ac.kr
한봉희 bhhan@ajou.ac.kr

차 례

제 1 장 회계의 소개

〈객관식 문제〉

01 ② 02 ④ 03 ⑤ 04 ⑤

05 ①: 재무상태는 특정 시점에서 기업의 자산, 부채 및 자본의 현황을 말한다.

06 ⑤ 07 ① 08 ② 09 ④ 10 ②

11 ⑤: ㄴ과 ㄹ은 아직 경제적 영향이 발생한 것이 아니므로 거래 아님

〈주관식 문제〉

12 회계 정보의 활용

1. 투자자는 투자할 기업이 수익성이 높은지, 위험도는 낮은지에 대한 투자의사결정을 하는데 활용한다. 재무회계정보는 투자자가 합리적으로 투자의사결정을 하도록 도와줌으로써 사회적으로 효율적 자원배분을 유도한다.
2. 채권자는 기업이 파산위험은 없는지, 수익성이 양호하여 이자는 제때 받을 수 있는지를 평가하여 신용제공에 대한 의사결정을 하는데 활용한다. 재무회계정보는 채권자가 합리적으로 신용의사결정을 하도록 도와줌으로써 사회적으로 효율적 자원배분을 유도한다.
3. 경영자는 내부적으로 기업 전체, 사업부 또는 프로젝트의 수익성과 투자효율성을 평가하며 주주에게 자신의 수탁경영책임에 대한 결과를 보고하는데 활용한다.

13 외부 공인회계사의 감사의견

1. 적정의견(unqualified opinion 또는 clean opinion): 기업이 작성한 재무제표가 기업회계기준에 따라 공정하게 작성되었다는 것을 확인해 주는 의견이다.
2. 한정의견(qualified opinion): 기업이 작성한 재무제표가 일부 항목에 있어 기업회계기준을 위반하였거나 감사범위가 일부 제한되었을 때 표명하는 의견이다.
3. 부적정의견(adverse opinion): 기업이 작성한 재무제표가 기업회계기준을 전반적으로 또는 중요한 부분에 있어 위반하였을 때 표명하는 의견이다.
4. 의견거절(disclaimer): 감사인의 독립성이 결여되어 있거나 회계감사 범위의 제한으

로 재무제표 전체에 대해 충분하고 적합한 감사증거를 확보할 수 없을 경우에 표명하는 의견이다.

14 각 회계분야의 목적(보론)

재무회계는 투자자, 채권자, 정부기관 등 외부이용자(external users)에게 기업 전체의 경영성과와 재무상태에 대한 신뢰성 있는 정보를 제공함으로써 그들이 합리적으로 의사결정을 할 수 있도록 돕는 것이 주목적이다. 관리회계는 경영자, 부문담당자 등 내부이용자(internal users)에게 기업의 각 부문에 관한 정보를 적시적으로 제공함으로써 그들이 불확실한 미래에 관하여 의사결정을 잘 할 수 있도록 돕는 것이 주목적이다. 세무회계는 세법에 따라 과세소득을 결정하고 그에 대해 국가에 납부할 법인세를 계산하는 것이 주목적이다. 회계감사는 재무회계정보가 외부이용자에게 공시되기 전 외부 공인회계사가 그 것의 신뢰성과 적합성을 검증하는 것이 주목적이다.

15 재무회계와 관리회계의 비교(보론)

1. c 2. e 3. f 4. a 5. h 6. d 7. b 8. g

제 2 장 재무제표

〈객관식 문제〉

01 ⑤	02 ④	03 ②	04 ②	05 ⑤	06 ⑤	07 ②	08 ②
09 ②	10 ②	11 ⑤	12 ④	13 ⑤	14 ④	15 ⑤	16 ⑤
17 ③	18 ⑤	19 ②	20 ④	21 ①	22 ②	23 ②	24 ②

25 ④: 유동자산=현금+매출채권+재고자산+선급보험료=356,000

26 ③: 유동부채=매입채무+미지급이자+미지급급여+미지급법인세=173,000

27 ③: 매출총이익=매출수익−매출원가=350,000원

28 ③: 기말이익잉여금=기초이익잉여금+당기순이익−배당금=313,000

〈주관식 문제〉

29 재무제표

1. 정태적 보고서
   - 재무상태표: 기업의 기말 재무상태(즉, 자산, 부채, 자본의 기말잔액)를 나타낸다.
2. 동태적 보고서
   - 포괄손익계산서: 기업의 기중 경영성과를 나타낸다. 경영성과는 당기순이익[=수익−비용]에 기타포괄이익을 더한 총포괄이익으로 대표된다.
   - 현금흐름표: 기업의 기중 발생한 현금의 변동을 나타낸다.
   - 자본변동표: 기업의 각 자본 구성요소의 기중 변동 내역을 밝힌다.

30 현금흐름표의 주요활동 구분

현금흐름표는 기업의 주요 활동을 영업활동, 투자활동 및 재무활동으로 구분한다. 영업활동은 기업의 주된 활동으로서 상품 또는 원재료의 구입, 재품의 생산, 상품 또는 제품의 판매, 용역의 제공 등의 활동이다. 영업을 하기 위해서는 토지, 건물, 기계장치 등의 자산이 필요한데, 이러한 자산을 취득하거나 처분하는 것을 투자활동이라 한다. 영업이나 투자를 하기 위해서는 돈이 필요하다. 재무활동은 돈을 빌리거나 갚는 행위 및 소유주로부터 출자를 받거나 출자금의 일부를 반환하는 활동을 지칭한다.

31 손익계산서와 현금흐름표의 비교

손익계산서상으로는 수익이 비용을 초과하여 당기순이익이 발생하였으나, 현금흐름표상 음(−)의 현금흐름, 즉 현금의 감소가 누적되어 현금부족으로 인해 빚을 제때에 갚지 못함으로써 도산한 경우를 일컫는다. 흑자도산은 통상 비용은 현금의 지출과 동시에 발생하였으나, 수익의 상당 부분이 현금유입이 없는 외상매출, 미수금 등으로 발생한 후 현금 회수가 지연되는 경우에 초래될 수 있다.

32 재무상태표의 요소

매입채무: 유동부채	미수수익: 유동자산	이익잉여금: 자본
미지급금: 유동부채	선급비용: 유동자산	단기대여금: 유동자산
장기금융상품: 투자자산	사　채: 비유동부채	건　물: 유형자산
기계장치: 유형자산	자본금: 자　본	특허권: 무형자산
매출채권: 유동자산	선수수익: 유동부채	장기차입금: 비유동부채
재고자산: 유동자산	장기대여금: 투자자산	기타포괄이익누계액: 자본

33 포괄손익계산서의 요소

용역의 제공액: 매출	이자수익: 금융수익	급　여: 판매비 또는 관리비
배당금수익: 금융수익	광고비: 판매비	임대료: 기타수익
임차료: 판매비 또는 관리비	기부금: 기타비용	
이자비용: 금융비용	유형자산처분손실: 기타비용	
감가상각비: 판매비 또는 관리비	대손상각비: 판매비	

34 재무상태표와 포괄손익계산서의 요소

매　출		35,000	**6. 유동자산:**	현　금	500	
매출원가	-	23,000		매출채권	1,200	
1. 매출총이익		**12,000**		재고자산	8,000	
판매비	-	4,000		기　타	6,000	**15,700**
관리비	-	2,500	**7.비유동자산:**	유형자산	12,000	
2. 영업이익		**5,500**		장기금융자산	3,000	**15,000**
임대료		600		자산총계		30,700
유형자산처분이익		900	**8.유동부채:**	매입채무	2,000	
이자비용	-	700		미지급급여	1,500	
3. 법인세비용차감전순이익		**6,300**		기　타	5,000	**8,500**
법인세비용	-	2,200	**9.비유동부채:**	장기차입금	1,700	

4. **당기순이익**	4,100		사　채	8,000	9,700
자산재평가이익	500	10. **자　본:**	자본금	2,000	
5. **총포괄이익**	4,600		이익잉여금	8,000	
			기타포괄이익누계액	2,500	12,500
			부채와자본총계		30,700

제 3 장 복식부기시스템과 회계원칙

〈객관식 문제〉

01 ① 02 ③ 03 ④ 04 ⑤ 05 ④ 06 ④ 07 ④ 08 ⑤
09 ④ 10 ⑤ 11 ⑤ 12 ③ 13 ② 14 ② 15 ③ 16 ④
17 ② 18 ⑤ 19 ④ 20 ①

21 ④: 기말자본=기초자본+출자액−배당액±당기순손익
제5회계연도 기말자본금 2,400원=기초자본금 2,000+출자액 500원−배당액 300원 +당기순이익 200원
제6회계연도 기말자본금 2,800원=기초자본금 2,400+출자액 300원−배당액 0원 +당기순이익 100원

22 ①

〈주관식 문제〉

23 차변·대변의 원리와 거래의 이중성

1. 회계에서의 모든 거래는 원인과 결과로서 둘 이상의 계정에 변동을 가져다준다. 예를 들어 한 거래가 자산의 증가라는 결과를 가져오는 경우 동시에 그 원인으로 자산의 감소, 부채나 자본의 증가, 또는 수익의 발생이 있게 된다. 거래를 원인과 결과로 파악하여 이를 동시에 기록하는 것이 거래의 이중성이며 복식부기의 기본원리이다.

2. (1) 자산의 증가 ↔ 자본의 증가
(2) 비용의 발생 ↔ 자산의 감소
(3) 자산의 증가 ↔ 자산의 감소
(4) 부채의 감소 ↔ 자본의 증가
(5) 비용의 발생 ↔ 자산의 감소
(6) 비용의 발생 ↔ 자산의 감소
(7) 자본의 감소 ↔ 자산의 감소
(8) 자산의 증가 ↔ 부채의 증가
(9) 자산의 증가 ↔ 자산의 감소 및 수익의 발생
(10) 자산의 증가 ↔ 수익의 발생

24 재무상태표 등식(1)

구 분	기 초			기 말			기 중	
	자산	부채	자본	자산	부채	자본	총수익	총비용
(1)	600	500	100	800	300	500	900	500
(2)	300	200	100	500	200	300	500	300
(3)	700	400	300	600	500	100	300	500

25 재무상태표 등식(2)

1. 자산(현금)의 증가 100억원, 자본(자본금)의 증가 100억원
2. "영향 없음"
3. 자산(현금)의 증가 40억원, 부채(차입금)의 증가 40억원
4. 자산(현금)의 감소 41억원, 부채(차입금)의 감소 40억원, 자본의 감소(이자비용의 발생) 1억원
5. 자산(현금)의 증가 50억원, 자본(자본금)의 증가 50억원
6. 자산(현금)의 감소 1억원, 자본의 감소(급여(비용)의 발생) 1억원
7. 자산(현금)의 감소 5억원, 자본(이익잉여금)의 감소 5억원

26 이익 등식

1. "영향 없음"
2. 비용(매출원가) 10억원, 수익(매출) 18억원, 당기순이익 8억원 증가
3. "영향 없음"
4. "영향 없음"
5. 수익(유형자산처분이익) 8억원, 당기순이익 8억원 증가
6. 비용(급여) 1억원, 당기순이익 1억원 감소
7. "영향 없음"

27 회계원칙

1. 역사적 원가원칙
2. 수익인식의 원칙 및 수익·비용대응의 원칙
3. 수익·비용대응의 원칙

28 현금기준회계와 발생기준회계(1)

현금기준 회계하에서는 현금을 수취하거나 지불했을 때만 수익과 비용으로 기록한다. 이

에 반해, 발생기준 회계하에서는 현금의 수취나 지불에 관계없이 수익과 비용을 인식할 조건이 갖추어 졌을 때 수익과 비용을 기록한다. 어느 나라에서나 기업회계기준은 발생기준을 채택하고 있다. 그 이유는 발생기준에 의거한 회계처리가 기업의 한 기간의 경영성과와 한 시점의 재무상태를 적절히 나타내는 데 있어 현금기준에 의거한 회계처리보다 우월하기 때문이다.

29 발생기준회계의 특징

1. 발생　2. 발생　3. 이연　4. 이연　5. 비용의 추정배분

30 수익인식

상품 매매 시 수익은 다음의 두 가지 조건이 모두 충족되었을 때 인식한다. 첫째, 판매자가 고객에게 상품의 통제를 이전함으로써 자기의 수행의무(performance obligation)를 이행하여야 한다. 둘째, 대금회수가 되었거나 거의 확실하여야(realized 또는 realizable) 한다. 상품 매매 시 판매시점(point of sale)에 상품이 이전되어 구매자가 그 상품을 통제하게 됨으로써 판매자가 자기의 수행의무를 이행하였다고 볼 수 있다. 또한 판매시점에서 대금이 수취되었거나 외상대금의 수취가 거의 확실하다고 볼 수 있다. 대금회수가 불확실하다면 외상거래를 하지 않았을 것이다.

31 현금기준회계와 발생기준회계(2)

1. 연도별 현금기준 손익계산을 하면 다음 표와 같다.

(단위: 백만원)

	회계연도			
	1	2	3	계
수　익 :				
건물보수공사수익	0	400	300	700
비　용 :				
건설장비비	0	300	200	500
재해보험료	10	0	0	10
인건비, 관리비 등	100	0	0	100
이자비용	0	40	0	40
당기순이익	−110	60	100	50

2. 한 회계기간 또는 회계연도 내에서 현금기준회계를 적용하는 것은 수익과 비용의 기간귀속과 대응의 문제를 야기한다.

   구체적으로, 1.의 현금기준 손익계산의 문제점을 살펴보면 다음과 같다. 첫째, 수행의무를 완료한 제1회계연도에는 수익을 인식하지 않고, 수행의무를 이행하지 않은 제2회계연도와 제3회계연도에 수익을 인식하고 있다. 둘째, 건설장비를 사용한 제1회계연도에는 비용을 인식하지 않고 건설장비를 사용하지 않은 제2회계연도와 제3회계연도에 건설장비비를 인식하고 있다. 셋째, 재해보험료는 2년분인데 제1회계연도에만 부담지우고 있다. 넷째, 이자비용 역시 2년간에 걸쳐 발생한 것인데 제2회계연도에 이를 전액 인식했다.

   위에서 지적한 문제들은 결국 수익과 비용의 기간귀속과 대응이 잘못되었다는 것으로 요약된다. 그 결과 기간별 경영성과가 크게 왜곡되어 있음은 자명하다.

3. 현금기준회계의 문제점에 대처하는 방안으로 수익인식의 원칙과 수익·비용대응의 원칙이 역사적으로 발전해왔다. 수익인식의 원칙과 수익·비용대응의 원칙은 발생기준회계의 핵심인 동시에 발생기준회계를 가능케 하는 수단이라 할 수 있다.

   수익인식의 원칙에 따르면 수익은 1) 수행의무가 이행되었고, 2) 수익이 실현가능할 때 인식한다. 이 원칙을 (주)천마엔지니어링의 건물보수공사 예에 적용하면, 현금의 수입은 없었지만 공사를 완료하고 발주자에게 인도한 시점, 즉 제1회계연도에 수익을 인식하여야 할 것이다. 왜냐하면 이 시점에서 1)과 2)의 조건이 모두 충족되기 때문이다.

   수익·비용대응의 원칙은 수익획득을 위하여 소요된 비용은 그 수익에 대응하여 같은 회계기간에 인식해야 한다는 것이다. 수익과 대응되는 비용의 유형에는 1) 수익에 직접적으로 대응(직접대응)이 되는 비용, 2) 연관된 수익이 발생한 기간에 일괄적으로 귀속(간접대응)시켜야 하는 비용이 있다.

   (주)천마엔지니어링의 건물보수공사의 예에서 인건비, 관리비 등은 건물보수공사수익에 직접적으로 대응되는 비용으로 볼 수 있다. 건물보수공사수익은 수익인식의 원칙에 따라 제1회계연도에 수익으로 인식해야 한다. 따라서 수익·비용대응의 원칙하에서 인건비, 관리비 등도 같은 회계기간, 즉 제1회계연도에 비용으로 인식하여야 한다. 건설장비비, 재해보험료 및 이자비용은 해당 기간으로 귀속시켜야 하는 소위 기간비용이다. 위 현금기준 손익계산에서는 이 비용들의 기간귀속이 잘못 이루어졌다. 우선 '건설장비비'는 감가상각비라 칭하는 것이 옳다. 건설장비의 내용연수를 5년, 잔존가치를 0원으로 추정하고 감가상각을 매년 정액으로 한다면 매회계연도의 감가상각비는

1억원(=(₩5억-₩0)/5년)이다. 재해보험료는 제1회계연도 개시일에 1,000만원을 지급하였지만 이는 2년분이므로 제1회계연도와 제2회계연도의 두 기간에 각각 500만원씩의 보험료(비용)가 귀속된다. 제2회계연도말에 지급한 4,000만원의 이자비용도 2년분이므로 제1회계연도와 제2회계연도의 두 기간에 각각 2,000만원씩 귀속된다.

4. 3의 수정자료를 바탕으로, (주)천마엔지니어링의 건물보수공사 손익계산을 발생기준으로 계산하면 다음 표와 같다.

(단위: 백만원)

	회계연도			
	1	2	3	계
수 익 :				
건물보수공사수익	700	0	0	700
비 용 :				
감가상각비	100	100	100	300
재해보험료	5	5	0	10
인건비, 관리비 등	100	0	0	100
이자비용	20	20	0	40
당기순이익	475	-125	-100	250

위의 계산에서 한눈에 알 수 있듯이, 발생기준회계는 현금기준회계가 가지는 기간귀속과 대응의 문제를 해결함으로써 기간손익을 보다 명확히 산정할 수 있다는 장점이 있다.

제 4 장 회계순환과정

〈객관식 문제〉

01 ⑤ 02 ② 03 ① 04 ② 05 ③ 06 ① 07 ④ 08 ①
09 ⑤ 10 ① 11 ① 12 ⑤ 13 ③ 14 ① 15 ③ 16 ②
17 ④

〈참고〉 분개와 수정분개:

(1)	(차변)	현 금	14,000	(대변)	자본금	14,000
(2)	(차변)	현 금	12,000	(대변)	장기차입금	12,000
(3)	(차변)	건 물	10,000	(대변)	현 금	14,000
(4)	(차변)	상 품	12,000	(대변)	매입채무	12,000
(5)	(차변)	현 금	8,000	(대변)	매 출	10,000
		매출채권	2,000			
		매출원가	6,000		상 품	6,000
(6)	(차변)	매입채무	9,000	(대변)	현 금	9,000
(7)	(차변)	급 여	2,000	(대변)	현 금	2,000
(8)	(차변)	선급보험료	200	(대변)	현 금	200
(9)	(차변)	현 금	1,200	(대변)	선수임대료	1,200
(10)	(차변)	이자비용	1,440	(대변)	현 금	1,440
(11)	(차변)	감가상각비	400	(대변)	감가상각누계액	400
(12)	(차변)	대손상각비	300	(대변)	대손충당금	300
(13)	(차변)	보험료	100	(대변)	선급보험료	100
(14)	(차변)	선수임대료	600	(대변)	임대료	600

손익계산서

매 출		10,000
매출원가		6,000
매출총이익		**4,000**
판매비와 관리비		(2,800)
급 여	2,000	
감가상각비	400	
대손상각비	300	
보험료	100	
영업이익		**1,200**
기타수익		600
임대료	600	
금융비용		(1,440)
이자비용	(1,440)	
당기순이익		**360**

18 ③ **19** ① **20** ④ **21** ② **22** ⑤

23 ④

〈참조〉

기말이익잉여금＝기초이익잉여금 2,000원－현금배당 500원＋당기순이익 7,795원
＝9,295원

분개와 수정분개

(1)	(차변) 이익잉여금	500	(대변)	현 금	500
(2)	(차변) 현 금	300	(대변)	선수임대료	300
(3)	(차변) 대여금	1,200	(대변)	현 금	1,200
(4)	(차변) 상 품	12,000	(대변)	매입채무	12,000
(5)	(차변) 현 금	10,000	(대변)	매 출	30,000
	매출채권	20,000			
	매출원가	14,000		상 품	14,000
(6)	(차변) 매입채무	9,000	(대변)	현 금	9,000
(7)	(차변) 급 여	2,500	(대변)	현 금	2,500

(8)	(차변) 현 금	10,000	(대변) 매출채권	10,000
(9)	(차변) 이자비용	300	(대변) 현 금	300
(10)	(차변) 보험료	2,500	(대변) 선급보험료	2,500
(11)	(차변) 감가상각비	3,000	(대변) 감가상각누계액	3,000
(12)	(차변) 대손상각비	200	(대변) 대손충당금	200
(10)	(차변) 선수임대료	225	(대변) 임대료	225
(14)	(차변) 미수이자	70	(대변) 이자수익	70

손익계산서

매 출		30,000
매출원가		14,000
매출총이익		**16,000**
판매비와 관리비		(8,200)
급 여	2,500	
감가상각비	3,000	
대손상각비	200	
보험료	2,500	
영업이익		**7,800**
기타수익		225
임대료	225	
금융손익		(230)
이자수익	70	
이자비용	(300)	
당기순이익		**7,795**

〈주관식 문제〉

24 회계상 거래 여부

1. 미지급급여(미지급비용)라는 부채를 기록하여야 한다.
2. 거래로 인식하지 않는다.
3. 선수수익이라는 부채를 기록하여야 한다.
4. 사채라는 비유동부채를 기록하여야 한다.

5. 자본금이라는 자본을 기록하여야 한다.
6. 당좌차월 계약 자체는 거래로 인식하지 않는다.

25 거래내용에 대한 추정

1. 주식을 발행하여 현금 50,000원의 자본금을 마련하다.
2. 건물을 20,000원에 현금구입하다.
3. 상품 15,000원을 매입하였는데, 이 중 8,000원을 현금으로 지급하였으며 나머지는 외상으로 남아 있다.
4. 소모품 3,000원을 외상으로 구입하다.
5. 원가 10,000원의 상품을 25,000원에 매출하였는데, 이 중 20,000원의 대금을 회수하였으며 나머지는 외상으로 남아 있다.
6. 보험료 6,000원을 미리 납부하다.
7. 급여 8,000원을 현금지급하다.

26 미수수익, 미지급비용, 선수수익, 선급비용(1)

1. 기초미수이자+이자수익－현금수취＝기말미수이자

   0+21,800－5,200＝16,600
2. 기초소모품자산+현금지급－소모품비용＝기말소모품자산

   3,000+현금지급－16,300＝4,200

   현금지급＝－3,000+16,300+4,200＝17,500
3. 기초미지급급여+급여비용－현금지급＝기말미지급급여

   4,200+39,500－현금지출＝3,500

   현금지급＝4,200+39,500－3,500＝40,200
4. 기초선수용역수익+현금수취－용역수익＝기말선수용역수익

   3,600+현금수취－72,200＝1,800

   현금수취＝－3,600+72,200+1,800＝70,400

27 미수수익, 미지급비용, 선수수익, 선급비용(2)

1. 재무상태표상의 자산

   단기대여금＝10,000원

   미수수익(즉 미수이자)＝10,000원×12%×3개월/12개월＝300원

   손익계산서상의 수익

이자수익＝300원

2. 재무상태표상의 부채

단기차입금＝10,000원

미지급비용(즉 미지급이자)＝10,000원×12%×3개월/12개월＝300원

손익계산서상의 비용

이자비용＝300원

3. 재무상태표상의 부채

선수수익(즉 선수보험료)＝10,000원×18개월/24개월＝7,500원

손익계산서상의 수익

보험수익＝10,000원×6개월/24개월＝2,500원

4. 재무상태표상의 자산

선급비용(즉 선급보험료)＝10,000원×18개월/24개월＝7,500원

손익계산서상의 비용

보험료＝10,000원×6개월/24개월＝2,500원

28 재무제표 작성(1)

1. 분 개

①	(차변)	현 금	10,000	(대변)	자본금	10,000
②	(차변)	현 금	20,000	(대변)	장기차입금	20,000
③	(차변)	건 물	10,000	(대변)	현 금	10,000
④	(차변)	단기매매금융자산	2,500	(대변)	현 금	2,500
⑤	(차변)	상 품	50,000	(대변)	매입채무	40,000
					현 금	10,000
⑥	(차변)	현 금	40,000	(대변)	매 출	55,000
		매출채권	15,000			
		매출원가	30,000		상 품	30,000
⑦	(차변)	급 여	12,000	(대변)	현 금	12,000
⑧	(차변)	선급보험료	900	(대변)	현 금	900
⑨	(차변)	현 금	1,200	(대변)	선수임대료	1,200
⑩	(차변)	이자비용	3,000	(대변)	현 금	3,000

⑪	(차변)	대손상각비 (15,000×4%=600)	600	(대변)	대손충당금	600
⑫	(차변)	감가상각비	1,000	(대변)	감가상각누계액	1,000
⑬	(차변)	단기매매금융자산 (3,200−2,500=700)	700	(대변)	단기매매금융자산평가이익	700
⑭	(차변)	보험료 (900×2.5/3=750)	750	(대변)	선급보험료	750
⑮	(차변)	선수임대료 (1,200×2/6=400)	400	(대변)	임대료	400
⑯	(차변)	법인세비용	800	(대변)	미지급법인세	800

2. 전 기

현 금

① 자본금 마련	10,000	③ 건물 구입	10,000
② 장기 차입	20,000	④ 단기금융자산 구입	2,500
⑥ 매출	40,000	⑤ 상품 매입	10,000
⑨ 임대료 선수취	1,200	⑦ 급여 지급	12,000
		⑧ 보험료 선지급	900
		⑩ 이자 지급	3,000
	32,800		

자본금

	① 10,000

장기차입금

	② 20,000

건 물

③ 10,000	

단기매매금융자산

④ 2,500	
⑬ 700	
3,200	

상 품

⑤ 50,000	⑥ 30,000
20,000	

매입채무

	⑤ 40,000

매 출

	⑥ 55,000

매출채권

⑥ 15,000	

매출원가

⑥ 30,000	

급 여

⑦	12,000		

선급보험료

⑧	900	⑭	750
			150

선수임대료

⑮	400	⑨	1,200
800			

이자비용

⑩	3,000		

대손상각비

⑪	600		

대손충당금

		⑪	600

감가상각비

⑫	1,000		

감가상각누계액

		⑫	1,000

단기매매금융자산평가이익

		⑬	700

법인세비용

⑯	800		

미지급법인세

		⑯	800

보험료

⑭	750		

임대료

		⑮	400

3. 수정후시산표

현 금	32,800	대손충당금	600
단기매매금융자산	3,200	감가상각누계액	1,000
매출채권	15,000	매입채무	40,000
상 품	20,000	선수임대료	800
선급보험료	150	미지급법인세	800
건 물	10,000	장기차입금	20,000
매출원가	30,000	자본금	10,000
급 여	12,000	매 출	55,000
보험료	750	임대료	400
이자비용	3,000	단기매매금융자산평가이익	700
대손상각비	600		
감가상각비	1,000		
법인세비용	800		
	129,300		129,300

4.

거여(주) 손익계산서

제1회계연도 1월 1일~12월 31일까지

매출			55,000
매출원가			(30,000)
매출총이익			25,000
판매비와 관리비:	급여	(12,000)	
	보험료	(750)	
	대손상각비	(600)	
	감가상각비	(1,000)	(14,350)
영업이익			10,650
금융비용:	이자비용		(3,000)
기타수익:	임대료	400	
	단기매매금융자산평가이익	700	1,100
법인세비용차감전순이익			8,750
법인세비용			(800)
당기순이익			7,950

5. 마감분개

①	(차변)	매 출	55,000	(대변)	집합손익	56,100
		임대료	400			
		단기매매금융자산평가이익	700			
②	(차변)	집합손익	48,150	(대변)	매출원가	30,000
					급 여	12,000
					보험료	750
					이자비용	3,000
					대손상각비	600
					감가상각비	1,000
					법인세비용	800
③	(차변)	집합손익	7,950	(대변)	이익잉여금	7,950

6.

거여(주) 재무상태표

제1회계연도 12월 31일 현재

자 산			부 채	
유동자산			유동부채	
현 금		32,800	매입채무	40,000
단기매매금융자산		3,200	선수임대료	800
매출채권	15,000		미지급법인세	800
(대손충당금)	(600)	14,400		
상 품		20,000	비유동부채	
선급보험료		150	장기차입금	20,000
비유동자산			자 본	
건 물	10,000		자본금	10,000
(감가상각누계액)	(1,000)	9,000	이익잉여금	7,950
합 계		79,550	합 계	79,550

29 재무제표 작성(2)

1. 분 개

①	(차변)	이익잉여금	400	(대변)	현 금	400
②	(차변)	상 품	6,000	(대변)	매입채무	6,000
③	(차변)	현 금	4,000	(대변)	단기차입금	4,000
④	(차변)	현 금	7,000	(대변)	매출채권	7,000
⑤	(차변)	급 여	4,000	(대변)	현 금	4,000
⑥	(차변)	현 금	10,000	(대변)	매 출	20,000
		매출채권	10,000			
	(차변)	매출원가	8,000	(대변)	상 품	8,000
⑦	(차변)	접대비	2,000	(대변)	현 금	2,000
⑧	(차변)	매입채무	6,000	(대변)	현 금	6,000
⑨	(차변)	보험료	3,000	(대변)	선급보험료	3,000
⑩	(차변)	감가상각비	2,000	(대변)	감가상각누계액	2,000

2. 1의 분개를 각 T계정에 전기하시오.

현 금	
기초 7,500	400
4,000	4,000
7,000	2,000
10,000	6,000
16,100	

매출채권	
기초 7,000	
10,000	
기말 10,000	

선급보험료	
기초 6,300	⑨ 3,000
기말 3,300	

기계장치	
기초 10,000	
10,000	

상 품	
기초 9,200	8,000
6,000	
7,200	

감가상각누계액	
	기초 2,000
	2,000
	4,000

매입채무	
6,000	기초 7,200
	6,000
	7,200

단기차입금	
	4,000
	4,000

장기차입금	
	기초 10,000
	10,000

기타부채	
	기초 1,800
	1,800

자본금	
	기초 14,000
	14,000

자본잉여금	
	기초 2,000
	2,000

이익잉여금	
400	기초 3,000
	2,600

매 출	
	20,000
	20,000

매출원가	
8,000	
8,000	

급 여	
4,000	
4,000	

접대비	
2,000	
2,000	

보험료	
3,000	
3,000	

감가상각비	
2,000	
2,000	

3. 수정후시산표를 작성하시오.

수정후시산표

(주)대지 제2회계연도 1월 1일부터 12월 31일까지

현 금	16,100	감가상각누계액	4,000
매출채권	10,000	매입채무	7,200
상 품	7,200	단기차입금	4,000
선급보험료	3,300	장기차입금	10,000
기계장치	10,000	기타부채	1,800
매출원가	8,000	자본금	14,000
급 여	4,000	자본잉여금	2,000
접대비	2,000	이익잉여금	2,600
보험료	3,000	매 출	20,000
감가상각비	2,000		
차변합계	65,600	대변합계	65,600

4. 손익계산서

손익계산서(보고식)

(주)대지 제2회계연도 1월 1일부터 12월 31일까지

매 출		20,000
매출원가		8,0000
매출총이익		12,000
판매비와 관리비		(11,000)
급 여	4,000	
접대비	2,000	
보험료	3,000	
감가상각비	2,000	
영업이익		1,000
법인세비용차감전순이익		1,000
당기순이익		1,000

5. 마감분개

①	(차변)	매 출	20,000	(대변)	집합손익	20,000
②	(차변)	집합손익	19,000	(대변)	매출원가	8,000
					급 여	4,000
					접대비	2,000
					보험료	3,000
					감가상각비	2,000
③	(차변)	집합손익	1,000	(대변)	이익잉여금	1,000

6. 제2회계연도 12월 31일 현재의 재무상태표를 작성하시오.

재무상태표

(주)대지 제2회계연도 12월 31일 현재

현 금	16,100	매입채무	7,200
매출채권	10,000	단기차입금	4,000
상 품	7,200	장기차입금	10,000
선급보험료	3,300	기타부채	1,800
기계장치	10,000	자본금	14,000
(감가상각누계액)	(4,000)	자본잉여금	2,000
		이익잉여금	3,600
차변합계	42,600	대변합계	42,600

30 재무제표 작성(3)

1. 분 개

①	(차변)	매입채무	70,000	(대변)	현 금	70,000
②	(차변)	임차료	350,000	(대변)	현 금	350,000
③	(차변)	현 금	300,000	(대변)	매출채권	300,000
④	(차변)	매출채권	1,100,000	(대변)	매 출	1,100,000
⑤	(차변)	급 여	260,000	(대변)	현 금	260,000
⑥	(차변)	현 금	250,000	(대변)	매 출	250,000
⑦	(차변)	관리비	18,000	(대변)	현 금	18,000
⑧	(차변)	광고비	90,000	(대변)	현 금	90,000

⑨ (차변) 보험료 15,000 (대변) 선급보험료 15,000

⑩ (차변) 대손상각비 2,200 (대변) 대손충당금 2,200*

* ₩12,200－전기대손충당금 ₩10,000＝₩2,200

⑪ (차변) 감가상각비 20,000 (대변) 감가상각누계액 20,000

2. 전 기

현 금

기 초	800,000		700,000
	300,000		350,000
	250,000		260,000
			18,000
			90,000
	562,000		

매출채권

기 초	420,000		300,000
	1,100,000		
	1,220,000		

선급보험료

기 초	180,000		15,000
	165,000		

기계장치

기 초	100,000		
	100,000		

대손충당금

		기 초	10,000
			2,200
			12,200

감가상각누계액

		기 초	10,000
			20,000
			30,000

매입채무

	70,000	기 초	140,000
			70,000

자본금

		기 초	1,040,000
			1,040,000

이익잉여금

		기 초	300,000
			300,000

매 출

			1,350,000
			1,350,000

급 여

	260,000		
	260,000		

임차료

	350,000		
	350,000		

광고비	
90,000	
90,000	

관리비	
18,000	
18,000	

보험료	
15,000	
15,000	

대손상각비	
2,200	
2,200	

감가상각비	
20,000	
20,000	

3. 수정후시산표

수정후시산표

(주)기린물류　　제2회계연도 1월 1일부터 12월 31일까지

현　금	562,000	대손충당금	12,200
매출채권	1,220,000	감가상각누계액	30,000
선급보험료	165,000	매입채무	70,000
기계장치	100,000	자본금	1,040,000
급　여	260,000	이익잉여금	300,000
임차료	350,000	매　출	1,350,000
광고비	90,000		
관리비	18,000		
보험료	15,000		
대손상각비	2,200		
감가상각비	20,000		
차변합계	2,802,200	대변합계	2,802,200

4. 손익계산서

손익계산서(보고식)

(주)기린물류　　제2회계연도 1월 1일부터 12월 31일까지　　(단위: 원)

매　출	1,350,000
매출원가	0

매출총이익		1,350,000
판매비와 관리비		(755,200)
급　여	260,000	
임차료	350,000	
광고비	90,000	
관리비	18,000	
보험료	15,000	
대손상각비	2,200	
감가상각비	20,000	
영업이익		594,800
법인세비용차감전순이익		594,800
당기순이익		594,800

5. 재무상태표

재무상태표

(주)기린물류　　제2회계연도 12월 31일 현재　　(단위: 원)

현　금	562,000	매입채무	70,000
매출채권	1,220,000	자본금	1,040,000
(대손충당금)	(12,200)	이익잉여금	894,800
선급보험료	165,000		
기계장치	100,000		
(감가상각누계액)	(30,000)		
차변합계	2,004,800	대변합계	2,004,800

제 5 장 현금및현금성자산과 단기금융자산

〈객관식 문제〉

01 ⑤ 02 ⑤

03 ②: 수입인지는 인지세법에 따라 부과하는 세금이므로 세금과공과 계정으로 처리한다.

04 ③

05 ④: 미사용 우표는 소모품이나 선급비용으로 처리하며, 양도성예금증서는 만기일이 취득시점으로부터 3개월을 초과하고 보고기말로부터 1년 이내이기 때문에 단기금융자산으로 처리해야 한다.

06 ③: 머니마켓펀드(MMF)+당좌예금+90일 환매조건의 환매체(RP)+60일 만기 국공채
=200,000원+120,000원+350,000원+100,000원=770,000원

07 ② 08 ② 09 ④ 10 ⑤

11 ①: 기중에 현금부족액 또는 과잉액을 발견한 경우에는 '현금과부족' 계정으로 처리한다.
장부잔액>시재액: (차) 현금과부족 XXX (대) 당좌예금 XXX
장부잔액<시재액: (차) 당좌예금 XXX (대) 현금과부족 XXX

12 ①: 현금과잉액의 원인: (차) 현금과부족 XXX (대) 원 인 XXX
현금과부족의 원인: (차) 원 인 XXX (대) 현금과부족 XXX

13 ④ 14 ① 15 ③ 16 ① 17 ④

〈주관식 문제〉

18 현금및현금성자산

동전, 타인발행 당좌수표, MMDA, MMF, 요구불예금(보통예금, 당좌예금), 우편환, 만기가 지난 국채는 현금및현금성자산이다.

CD 및 CP는 취득 당시 만기가 3개월 이내일 경우에 현금성자산이고 3개월 초과 시 단기금융자산으로 분류한다.

저축성예금(정기예금, 정기적금)은 가입 당시 만기가 3개월 이내이면 현금성자산이고, 만기가 1년 이내이면 단기금융자산, 만기가 1년을 초과하면 장기금융자산으로 분류된다.

수입인지, 급여가불증, 우표는 현금및현금성자산이 아니다. 수입인지와 우표는 금액의 중요성에 따라 소모품(자산) 또는 소모품비(비용)로 계상하고 급여가불증은 종업원에 대한 대여금이다.

19 정액소액현금제도(1)

월말 보충액＝월중 지출액＋현금과부족＝270＋25＝295원

20 정액소액현금제도(2)

5.1	(차변)	소액현금	2,000,000	(대변)	당좌예금	2,000,000
5.31	(차변)	여비교통비	400,000	(대변)	당좌예금	1,620,000
		소모품비	500,000			
		통신비	300,000			
		접대비	400,000			
		현금과부족	20,000			

21 소액현금제도(횡령)

소액현금설정액	₩500,000
매출채권회수액	9,000,000
전화요금	(250,000)
사장차입금	(300,000)
회식비	(50,000)
총계(있어야 할 현금)	₩8,900,000
실제 현금	(10,000)
횡령액	**₩8,890,000**

22 단기매매금융자산의 분류조건

유가증권이 단기매매 목적(단기매매금융자산)으로 분류되기 위해서는 ① 단기간 내의 매매차익을 목적으로 취득하고, ② 매수와 매도가 적극적이고 빈번하게 이루어져야 하는 두 가지 조건을 충족해야 한다.

23 단기매매금융자산의 평가

단기매매금융자산은 모두 시장에서 거래되는 유가증권으로 공정가치, 즉 시가를 가지고

있으므로 그 금액으로 평가한다. 그에 따른 평가이익 및 평가손실은 손익계산서의 당기손익 항목으로 보고한다. 이에 단기매매금융자산을 "당기손익-공정가치 측정 금융자산"이라고 한다.

24 단기매매금융자산의 취득, 평가, 처분(1)

A사 주식:	배당금수익	10
	처분손실	(20)
B사 사채:	이자수익	15
	평가이익	50
총이익		55원

25 단기매매금융자산의 취득, 평가, 처분(2)

일자	차변	계정	금액	대변	계정	금액
1/5	(차변)	단기매매금융자산(A)	150,000*	(대변)	현 금	150,000

* 10,000주×₩15

일자	차변	계정	금액	대변	계정	금액
10/1	(차변)	단기매매금융자산(B)	40,000*	(대변)	현 금	40,000

* 5,000주×₩8

일자	차변	계정	금액	대변	계정	금액
10/30	(차변)	현 금	27,000*	(대변)	단기매매금융자산	45,000**
		단기매매금융자산처분손실	18,000			

* 3,000주×₩9

** 3,000주×₩15

*** 처분된 주식의 처분손실 또는 처분이익만 기록하고 보유 중인 주식의 당초 장부가는 유지함.

일자	차변	계정	금액	대변	계정	금액
12/20	(차변)	현 금(B)	5,000*	(대변)	배당금수익	5,000

* 5,000주×₩1

일자	차변	계정	금액	대변	계정	금액
12/31	(차변)	단기매매금융자산평가손실	20,500*	(대변)	단기매매금융자산	20,500

* 7,000주×(₩11－₩15) ＋ 5,000주×(₩9.5－₩8)

26 단기매매금융자산의 취득, 평가, 처분(3)

일자	차변	계정	금액	대변	계정	금액
1.	(차변)	단기매매금융자산	30,000	(대변)	단기매매금융자산평가이익	30,000
	(차변)	미수이자	2,000	(대변)	이자수익	2,000
2. 3/6	(차변)	현 금	280,000	(대변)	단기매매금융자산	300,000
		단기매매금융자산처분손실	20,000			
7/20	(차변)	현 금	30,000	(대변)	배당금수익	30,000

10/31	(차변)	현　금	12,000	(대변)	이자수익	10,000
					미수이자	2,000
12/31	(차변)	미수이자	2,000*	(대변)	이자수익	2,000

* 2개월 경과분에 대한 미수이자

	(차변)	단기매매금융자산	5,000*	(대변)	단기매매금융자산평가이익	5,000

* ₩285,000－(₩180,000＋₩100,000)

27 단기매매금융자산의 취득과 평가

5/1	(차변)	단기매매금융자산	100,000	(대변)	현　금	105,000
		미수이자	4,000*			
		수수료비용	1,000			

* 발행일로부터 4개월의 경과이자 $₩100,000 \times 12\% \times \frac{4}{12}$

12/31	① (차변)	현　금	12,000	(대변)	미수이자	4,000
					이자수익	8,000
	② (차변)	단기매매금융자산평가손실	5,000*	(대변)	단기매매금융자산	5,000

* ₩100,000－₩95,000

제 6 장 수취채권과 지급채무

〈객관식 문제〉

01 ⑤ 02 ② 03 ③ 04 ② 05 ③ 06 ⑤ 07 ③

08 ④: (차) 대손충당금 100,000 (대) 매출채권 100,000

09 ①: (차) 대손충당금 70,000 (대) 매출채권 100,000
대손상각비 30,000

10 ④

11 ③: (50,000×98%)+(100,000−20,000−50,000) = 49,000+30,000 =79,000원

12 ②: 기말 대손충당금 = 기초 대손충당금−대손확정+대손확정 채권의 회수+대손상각비
38,000 = 40,000−35,000+4,000+대손상각비
대손상각비 = 29,000원

13 ②: 대손처리 전: (50,000−4,500) = 45,500
대손처리 후: (50,000−4,000)−(4,500−4,000) = 45,500

14 ② 15 ①

16 ①: 1,000k − 120k − 40k = 840k

17 ①: 170k+670k−600k+90k−48k−25k = 237k

18 ④: 매출채권 기말잔액 = 290k+1,000k−890k−120k−40k−54k = 186k
대손충당금 기말잔액 = 28k+75k−54k = 49k
따라서, 순매출채권 = 186k−49k = 137k

〈주관식 문제〉

19 계정과목 구분

① 매출채권과 매입채무: 주된 영업활동(매출과 매입)과 관련된 채권과 채무

② 미수금과 미지급금: 부수적인 활동(자산의 매각과 취득 등)과 관련된 채권과 채무

③ 대여금과 차입금: 현금의 대여와 차입과 관련된 채권과 채무

20 매출에누리와환입 및 매입에누리와환출의 개념

매출에누리란 매출 이후에 상품의 하자 등의 이유로 에누리해 준 금액을 의미하며, 매출환입이란 매출 이후에 반품된 수량에 해당하는 매출 금액을 의미한다. 회계에서는 일반적으로 이 둘을 묶어 매출에누리와환입이라는 하나의 계정으로 하여 총매출액에서 차감한다. 매입에누리란 매입 이후에 상품의 하자 등의 이유로 에누리 받은 금액을 의미하며, 매입환출이란 매입 이후에 반품시킨 수량에 해당하는 매입 금액을 의미한다. 회계에서는 일반적으로 이 둘을 묶어 매입에누리와환출이라는 하나의 계정으로 하여 총매입액에서 차감한다.

21 매출할인 및 매입할인의 개념

매출할인과 매입할인은 현금할인 조건(예, 2/10, n/30)으로 판매 시 발생할 수 있다. 매출할인이란 구매자가 외상 대금을 조기에 갚을 경우 판매자가 구매자에게 약속된 현금할인 혜택을 주는 것을 말한다. 반대로 구매자 입장에서 매입할인이란 외상 대금을 조기에 지급함으로써 약속된 현금할인 혜택을 받는 것을 말한다.

22 대손상각방법 비교

충당금설정법 하에서는 미회수된 매출채권에 대한 대손액을 추정하여 당기에 미리 비용(대손상각비)처리한다. 그러나 직접상각법 하에서는 추후 실제 대손이 발생했을 때 비용처리한다. 따라서 회사의 설립연도에는 직접상각법 하에서 더 높은 당기순이익이 보고된다.

23 어음의 종류

진성어음이란 상품 등 자산의 실질적인 취득이나 매각과 관련한 것이며 매출채권·매입채무 또는 미지급금·미수금으로 기록되는 반면, 융통어음(금융어음)이란 단순히 자금을 융통하기 위하여 차입자가 어음을 발행하는 것으로 대여금·차입금으로 기록된다.

24 순매출액, 순매입액, 매출채권과 매입채무의 재무상태표평가액

1. 순매출 = 매출 500,000 − 매출에누리와환입 50,000 − 매출할인 20,000
   = 430,000

   참고로 매출운임은 판매비와관리비의 항목(운송비)으로 보고하며 순매출에 포함시키지 않는다.

2. 매출채권 기말잔액
   = 기초잔액 185,000 + 매출 500,000 − 현금회수액 450,000

－매출에누리와환입 50,000－매출할인 20,000－대손확정액 27,000
＝ 138,000
대손충당금 기말잔액
＝ 기초잔액 10,000＋대손상각비 35,000－대손확정액 27,000
＝ 18,000
따라서, 매출채권 재무상태표평가액 ＝ 138,000－18,000 ＝ 120,000

3. 매입채무 재무상태표평가액(기말잔액)
＝ 기초잔액 210,000＋매입 300,000＋매입운임 80,000
－현금지급액 370,000－매입에누리와환출 55,000－매입할인 25,000
＝ 140,000

25 대손충당금의 설정

1. (차변) 대손상각비 43,000 (대변) 대손충당금 43,000*
* 60,000－17,000

2. 외상매출금의 재무상태표 평가액
＝ 외상매출금 기말잔액－대손충당금 기말잔액
＝ 600,000－60,000 ＝ 540,000

26 대손의 확정 및 대손충당금의 설정

외상매출금 기말잔액 ＝ 10,000＋40,000－34,000－300 ＝ 15,700
대손충당금 기말잔액 ＝ 15,700×5% ＝ 785
대손상각비 ＝ 785－(500－300) ＝ 585

27 대손의 추정: 연령분석법

(차변) 대손상각비 31,000* (대변) 대손충당금 31,000
* (₩500,000×1%)＋(₩400,000×3%)＋(₩200,000×8%)－2,000

28 대손의 확정 및 대손충당금의 설정: 연령분석법

(차변) 대손충당금 20,000 (대변) 매출채권 20,000

(차변) 대손상각비 53,000* (대변) 대손충당금 53,000
* 66,000－(33,000－20,000)＝53,000

29 대손충당금의 설정과 대손의 확정 등 (총액법)

1\.

외상매출금

	차변		대변
기 초	50,000	100,000	회 수
매 출	120,000	1,500	대손판명
기 말	68,500		

대손충당금

	차변		대변
대손판명	1,500	2,000	기 초
		X	
		2,300	기 말

따라서 외상매출금 재무상태표평가액 = 68,500원 − 2,300원 = 66,200원

2\. 대손상각비(X) = 1,800원(위 1.의 대손충당금 T-계정 참조)

3\. 위의 거래들로 인한 이익

= (매출 − 매출할인) − 매출원가 − 대손상각비

= (120,000원 − 1,200원) − 70,000원 − 1,800원

= 47,000원

30 대손충당금의 설정과 대손의 확정 등 (순액법)

1\.

외상매출금

	차변		대변
기 초	50,000	98,000	회 수
매 출	117,600	1,500	대손판명
기 말	68,100		

대손충당금

	차변		대변
대손판명	1,500	2,000	기 초
		X	
		2,300	기 말

따라서 외상매출금 재무상태표평가액 = 68,100원 − 2,300원 = 65,800원

2\. 대손상각비(X) = 1,800원(위 1.의 대손충당금 T-계정 참조)

3\. 위의 거래들로 인한 이익

= (매출 + 매출할인포기이익) − 매출원가 − 대손상각비

= (117,600원 + 800원) − 70,000원 − 1,800원

= 46,600원

제 7 장 재고자산

〈객관식 문제〉

01 ⑤

02 ②: 기간이 단기인 이자비용은 자산의 취득원가에 산입하지 않는다.

03 ③: 실지재고조사법은 환출시 매입에누리와환출계정을 사용하여 표시한다. 매입환출시 재고자산계정의 대변에 기입해야 하는 것은 계속기록법이다.

04 ④ 05 ①

06 ②: 기중에 재고 매입원가가 하락하였을 경우(즉 디플레이션) 선입선출법하의 기말재고가액은 평균법하의 기말재고가액보다 낮다.

07 ② 08 ⑤

09 ④: "매출원가＝기초재고＋순매입－기말재고"이므로, 기말재고가 과대 계상되는 만큼 매출원가는 과소 계상되며, 기초재고가 과소 계상되는 만큼 매출원가는 과소 계상된다. 결과적으로 매출원가는 2,100원(＝900＋1,200)만큼 과소 계상된다. 따라서 매출총이익은 2,100원만큼 과대 계상된다.

10 ③: 600,000＋15,000－3,000＝612,000. 지급어음에 대한 이자비용은 매입원가에 포함되지 않는다.

11 ③

	수 량	단 가	재고금액
1. 1	800	2	1,600
1. 8	(400)		(800)
	400	2	800
1.26	1,200	2.4	2,880
	1,600		3,680

단가: 3,680원/1,600개＝2.3원

12 ②: (2,000×9.5)＋(8,000×10.0)＝19,000＋80,000＝99,000

13 ④: 실지재고조사법 평균단가＝(4,000＋4,400＋9,200) / (200＋200＋400)

＝17,600 / 800＝22원/개

실지재고조사법 매출원가＝22원×300개＝6,600원

계속기록법 5월 22일 평균단가＝(4,000＋4,400) / (200＋200)＝8,400 / 400
＝21원/개

계속기록법 매출원가＝21원×300개＝6,300원

14 ③: 재고자산의 증가가 클수록 매출원가가 작아지므로 매출총이익이 커진다. 따라서 총평균법이 제일 크다.

15 ③: 기말재고액＝실사 5,000원＋미착품 1,500원＝6,500원

16 ①: (20×5.5)＋(90×6)＝110＋540＝650

17 ③: 단가: (500＋275＋540)/(100＋50＋90)＝5.479167
110(기말재고수량)×5.479167(단가)≒603

〈주관식 문제〉

18 재고자산으로의 분류 여부

재고자산이란 정상적인 영업활동과정에서 판매목적으로 보유하고 있는 자산, 판매목적으로 생산과정에 있는 자산, 판매할 자산을 생산하는 데 사용되거나 소모될 자산 등을 말한다. 중장비 제조업체의 굴삭기는 판매목적으로 보유하고 있는 재고자산이므로 김정밀 씨의 주장이 옳다. 그러나 만일 중장비 제조업체가 아니라 건설업체라면 보유하고 있는 굴삭기는 유형자산으로 분류하여야 할 것이다.

19 재고자산 감모손실과 평가손실

재고자산감모손실이란 상품을 보관하는 과정에서 파손, 마모, 분실, 증발 등으로 인하여 회계기말에 장부상의 재고수량보다 실제 재고수량이 적어지는 것을 말하며, 재고자산평가손실이란 기말 현재 실제 재고수량에 대하여 취득원가보다 시가(순실현가능가치)가 더 낮아질 경우 그 차액을 말한다.

20 재고자산 평가방법의 비교

개별법이 가장 적절하다. 금씨가 보유하고 있는 귀금속은 종류가 무척 다양하고 각 종류별 보유수량은 소량이다. 또한 가격은 고가이므로 귀금속의 판매 시 매출총이익은 각 상품별로 판매액에서 매입가액을 차감하여 구하는 것이 타당하며, 재고자산평가 역시 각 상품별로 하는 것이 타당하다. 다만, 많은 수량을 보유하고 있는 표준화되고 규격화된 저가의 보급용 상품에 대해서는 재고자산 원가의 일정한 흐름을 가정한 방법(선입선출법, 평균법 또는 후입선출법)을 사용하는 것이 비용・효익 측면에서 바람직하다.

21 재고원가

a: 재고원가에 가산.

b: 매출의 차감계정이므로 재고원가와 무관.

c: 재고원가에 가산.

d: 재고원가와 무관.

e: 매출의 차감계정이므로 재고원가와 무관.

f: 매출의 차감계정이므로 재고원가와 무관.

g: 재고원가에서 차감.

h: 재고원가에서 차감.

i: 재고원가에서 차감.

22 재고자산 오류의 영향

1. 제10기

「기초재고＋당기순매입－기말재고＝매출원가」에서 기말재고가 과대 계상되었으므로 매출원가가 과소 계상되어 매출총이익이 과대 계상된다. 즉, 1,000원 만큼 매출총이익이 과대 계상된다. 또한 이에 따라 당기순이익 및 기말이익잉여금이 과대 계상된다.

2. 제11기

제10기의 기말재고는 제11기의 기초재고가 된다. 따라서, 위 등식에서 기초재고가 과대 계상되므로 매출원가가 과대 계상되어 매출총이익이 과소 계상된다. 즉, 1,000원 만큼 매출총이익이 과소 계상된다. 이에 따라 당기순이익 역시 과소 계상된다. 기말이익잉여금은 당기순이익 과소 계상액이 과대 계상된 기초이익잉여금과 서로 상계되어 옳은 금액으로 보고된다.

23 매출원가의 계산

정답: 650,000원

매출원가＝상품 기초재고＋당기순매입－상품 기말재고

매출원가＝당기순매입－(기말재고－기초재고)

매출원가＝당기순매입－재고의 증가

매출원가＝(현금 지급액＋매입채무 증가액)－상품재고의 증가액

매출원가＝580,000＋50,000－(－20,000)

매출원가=650,000원

상품 계정의 감소액 20,000원은 상품 계정의 "−20,000원" 증가로 보면 된다.

24 부분 손익계산서

① 8,800 ② 2,700(제12기 기초재고와 동일) ③ 5,900
④ 2,900 ⑤ 9,900 ⑥ 8,300 ⑦ 8,000

25 재고자산에 포함되는 수량

1,235,000원(=1,200,000−25,000+60,000). 25,000원은 12월 30일 현재 제품의 선적 없이 청구서만 발행되었으므로 (주)가나의 재고자산이 아니다.

26 계속기록법과 실지재고조사법의 회계처리(1)

1.

	계속기록법	실지재고조사법
구입:	(차변) 재고자산 400 (대변) 매입채무 400	(차변) 매 입 400 (대변) 매입채무 400
판매:	(차변) 매출채권 420 (대변) 매 출 420	(차변) 매출채권 420 (대변) 매 출 420
	(차변) 매출원가 300 (대변) 재고자산 300	−분개 없음−

계속기록법에서는 재고자산 구입시 재고자산계정에 차기하고 판매시 매출원가를 인식한다. 그러나 실지재고조사법에서는 재고자산 구입시 임시계정인 매입계정에 차기한다. 또한 판매시에 매출수익만을 인식하고 매출원가를 인식하지 않는다. 실지재고조사법에서는 재고자산과 매출원가의 기록을 회계기말까지 미룬다.

2.

계속기록법(수정분개)	실지재고조사법(수정분개)
(차변) 재고자산감모손실 20 (대변) 재고자산 20	(차변) 재고자산(기말) 180 매출원가 320 (대변) 재고자산(기초) 100 매 입 400

계속기록법에서는 재고자산을 재고자산감모손실 액수만큼 감소시키는 분개를 한다. 재고

자산감모손실은 정상적 수준이라면 매출원가에 산입하고, 이를 초과한 비정상적인 부분은 기타비용으로 보고한다. 실지재고조사법에서는 기초재고와 임시계정인 매입을 대기하여 기록에서 제거한다. 그리고 기말재고를 차기함으로써 새로이 기록하고 매출원가를 차기함으로써 비용으로 인식한다. 기중의 재고자산 구입과 판매에 대한 개별적인 분개는 계속기록법과 실지재고조사법 간에 다르나 기말의 수정분개를 합한 종합적인 결과는, 비정상적 재고자산감모손실이 없다면, 동일하다.

27 계속기록법과 실지재고조사법의 회계처리(2)

1.

	계속기록법	실지재고조사법
05/01	(차변) 재고자산 9,230 (대변) 매입채무 8,730 현 금 500	(차변) 매 입 8,730 매입운임 500 (대변) 매입채무 8,730 현 금 500
05/04	(차변) 매입채무 970 (대변) 재고자산 970	(차변) 매입채무 970 (대변) 매입에누리와환출 970
05/10	(차변) 매입채무 7,760* (대변) 현 금 7,760	(차변) 매입채무 7,760 (대변) 현 금 7,760
	* (9,000－1,000)×97% ＝ 7,760	
08/10	(차변) 매출채권 17,640 (대변) 매 출 17,640 (차변) 매출원가 12,000 (대변) 재고자산 12,000 (차변) 운송비 600 (대변) 현 금 600	(차변) 매출채권 17,640 (대변) 매 출 17,640 (차변) 운송비 600 (대변) 현 금 600
08/14	(차변) 매출에누리와환입 2,940 (대변) 매출채권 2,940 (차변) 재고자산 2,000 (대변) 매출원가 2,000	(차변) 매출에누리와환입 2,940 (대변) 매출채권 2,940
10/08	(차변) 현 금 15,000 (대변) 매출채권 14,700 매출할인포기이익 300	(차변) 현 금 15,000 (대변) 매출채권 14,700 매출할인포기이익 300

2.

	계속기록법	실지재고조사법
12/31	−해당사항 없음−	(차변) 재고자산(기말) 3,000 매입에누리와환출 970 매출원가 10,260 (대변) 재고자산(기초) 5,000 매 입 8,730 매입운임 500
12/31	(차변) 재고자산감모손실 260 (대변) 재고자산 260	−해당사항 없음−

계속기록법하에서 기중의 분개를 취합하면 제2회계연도 중의 매출원가는 10,000이고, 장부상 기말재고자산은 3,260원이다. 그러나 재고자산 실사에 의한 실제 재고자산은 3,000이므로 260원의 재고자산감모손실(비정상적이므로 기타비용 항목으로 처리)이 인식되어야 한다. 그러나 실지재고조사법하에서는 회계기말 현재의 장부상 재고자산 자료가 없고 단지 실사에 의한 기말재고자산 3,000원의 자료 밖에 없으므로, 총판매가능액 13,260원(기초재고액 5,000+당기 중 순매입 8,260원) 중 보유 기말재고 3,000원을 제외한 10,260원만큼이 판매된 재고자산의 원가(매출원가)로 간주될 수밖에 없다. 이 두 방법의 차이를 요약하면 다음과 같다.

	계속기록법	실지재고조사법
기초재고원가	5,000원	5,000원
순매입원가	8,260	8,260
판매가능원가	13,260	13,260
매출원가	10,000	10,260 (2차적으로 결정)
기말재고원가	3,000	3,000 (실사로 파악)
재고자산감모손실	260	파악 불가능

28 재고자산 단위원가 결정방법의 비교(1)

수량 : 매 입 400개(₩9,500) → 매출원가 260개
기말재고 140개

매출원가를 먼저 파악한 후 기말재고를 2차적으로 계산할 수도 있고, 기말재고를 먼저 파악하고 매출원가를 2차적으로 계산할 수도 있다. 여기서는 후자 방법을 사용한다.

1. 실지재고조사법, 총평균법

기말재고＝140개×(₩9,500/400개)＝₩3,325

매출원가＝260개×(₩9,500/400개)＝₩6,175

2. 계속기록법, FIFO

기말재고＝(100개×₩30)＋(40개×₩25)＝₩4,000

매출원가＝₩9,500－₩4,000＝₩5,500

3. 계속기록법, 이동평균법

기말재고

12/7　80개×₩20　(80개)

12/15　(80개×₩20)＋(100개×₩25)＝₩4,100　(180개)

12/18　40개×(₩4,100/180개)

12/28　40개×(₩4,100/180개)＋(100개×₩30)

＝₩3,911.11　(140개)

매출원가＝₩9,500－₩3,911.11

＝₩5,588.89

29 재고자산 단위원가 결정방법의 비교(2)

기말재고를 먼저 파악하고 매출원가를 2차적으로 계산해 본다.

1.

	기말재고	+ 매출원가	= 판매가능액
선입선출법	(100×14)＋(20×12)＝1,640	₩2,560	₩4,200
총평균법	(4,200÷350)×120＝1,440	2,760	4,200

2. 선입선출법: 위 1의 경우(실지재고조사법)와 동일한 금액임.

이동평균법:

	재고수량	총금액	단위당 원가
4월 12일	20개	200	10
7월 20일	170개	2,000	11.76
9월 30일	20개	235*	11.76
12월 10일	120개	1,635	13.63

* 20개×(₩2,000/170개)

그러므로 기말재고자산가액=₩1,635

매출원가 =₩4,200-₩1,635=₩2,565

30 재고자산 단위원가 결정방법의 비교(3)

1. 판매가능재고의 수량: 17,500 판매가능재고의 금액: 2,054,000

기말재고 수량: 2,500

	수 량	단 가	금 액
기초재고	1,000	103	103,000
매 입			
2월 28일	12,000	116	1,392,000
6월 25일	4,000	124	496,000
11월 11일	500	126	63,000
판매가능재고	17,500		2,054,000
매 출			
4월 19일	5,000	180	900,000
10월 3일	10,000	200	2,000,000
기말재고	2,500		

2. ① 총평균법: 기말재고액=293,429 매출원가=1,760,571

② 이동평균법: 기말재고액=299,000 매출원가=1,755,000

③ 선입선출법: 기말재고액=311,000 매출원가=1,743,000

① 총평균법: 기말재고액: (2,054,000/17,500)×2,500=293,429

매출원가: 2,054,000-293,429=1,760,571

② 이동평균법:

	수 량	단 가	금 액
1. 1 재고	1,000	103	103,000
2.28 매입	12,000	116	1,392,000
	13,000	[115]	1,495,000
4.19 매출	(5,000)		(575,000)
	8,000		920,000
6.25 매입	4,000	124	496,000
	12,000	[118]	1,416,000
10. 3 매출	(10,000)		(1,180,000)
	2,000		236,000

11.11 매입	500	126	63,000
기 말	2,500	119.6	299,000

매출원가: 2,054,000－299,000＝1,755,000

③ 선입선출법:

기말재고액: (500×126)＋(2,000×124)＝63,000＋248,000＝311,000

매출원가: 2,054,000－311,000＝1,743,000

31 재고자산 단위원가 결정방법의 비교(4)

기초재고	300×5	=	1,500
당기매입	900×6	=	5,400
	600×7	=	4,200
	200×8	=	1,600
판매가능액	2,000		12,700
매 출	800		
	800		
기 말	400		

1. 총평균법에 의한 매출원가:

기말재고액: (12,700/2,000)×400＝2,540

매출원가: 12,700－2,540＝10,160

2. 이동평균법에 의한 기말재고액:

1. 1	300	× 5	=	1,500
3.21	900	× 6	=	5,400
	1,200	[5.75]		6,900
5.27	(800)			(4,600)
	400			2,300
8.19	600	× 7	=	4,200
	1,000	[6.5]		6,500
10. 9	(800)			(5,200)
	200			1,300
11. 3	200	× 8	=	1,600
기 말	400			2,900

3. 선입선출법에 의한 매출원가:

200 × 7 = 1,400

200 × 8 = 1,600

기말재고액 3,000

매출원가=12,700−3,000=9,700

32 재고자산이 당기순이익에 미치는 영향

「매출원가=기초재고액+당기순매입액−기말재고액」의 산식에서 판매가능액(기초재고액+당기순매입액)이 일정하다는 가정 하에, 기말재고액이 증가하면 매출원가가 감소하는 것은 사실이다. 그러나 허진구씨의 주장은 매출원가 산식이라는 "나무"만 보고 손익계산서 전체의 "숲"은 보지 못한 잘못된 추론이다. 왜냐하면,

첫째, 매출원가의 감소는 매출의 감소, 즉 판매 부진을 의미한다. 일반적으로 매입단가보다는 매출단가가 높으므로, 「매출총이익=매출수익−매출원가」의 산식을 놓고 볼 때, 기말재고액의 증가에 의한 매출원가(판매수량×매입단가)의 감소보다 판매부진으로 인한 매출수익(판매수량×매출단가)의 감소가 더 클 것이므로 매출총이익은 오히려 감소하게 될 것이다.

둘째, 기말재고의 증가는 재고 보관비, 유지비 등 물류비, 즉 회계 상 판매비와관리비를 증가시킨다. 이에 따라 「영업이익=매출총이익−판매비와관리비」의 산식에서 영업이익은 더욱 더 감소하게 될 것이다.

33 저가법(보론)

1. 제3회계년도 기말재고 10개에 대해
   개당 취득원가 ₩5 > 개당 순실현가능가치 ₩4
   따라서, 재고자산평가손실=10개×(₩5−₩4)=₩10
2. 매출원가=(50개×₩4)+(140개×₩5)+₩10(재고자산평가손실)=₩910

제 8 장 유형자산과 무형자산

〈객관식 문제〉

01 ① 02 ① 03 ④ 04 ⑤

05 ②: 연구단계에서 소요된 지출은 발생한 연도에 전액 비용으로 처리해야 한다.

06 ④ 07 ④

08 ②: 연수합계법 하에서는 매년 감가상각비의 차이가 동일 금액이다.

2차 연도 감가상각비(₩2,000)－3차 연도 감가상각비(₩1,600)＝₩400

4차 연도 감가상각비: ₩1,600－₩400＝₩1,200

5차 연도 감가상각비: ₩1,200－₩400＝₩800

6차 연도 감가상각비: ₩800－₩400＝₩400

09 ④ 10 ⑤ 11 ⑤ 12 ⑤ 13 ② 14 ⑤ 15 ①

16 ④: 구입 후 수선비는 취득원가에 포함되지 않는다.

50,000＋2,000＋4,000＋3,000＝59,000

17 ③: 제4회계연도 말 감가상각누계액＝[(4,000－500)/7]×3＝1,500

제4회계연도 말 기계장치 장부금액＝4,000－1,500＝2,500원

18 ③: 제2회계연도 말 감가상각누계액＝1,500×(5＋4)/15＝900

제3회계연도 말 감가상각누계액＝1,500×(5＋4＋3)/15＝1,200

19 ③: 건물의 취득원가＝(90,000＋10,000)×[90,000/(30,000＋90,000)]＝75,000

제3회계연도 감가상각비＝(75,000－10,000)/10＝6,500

20 ④: 92,000＝(취득원가－40,000)×2/10

취득원가＝92,000×5＋40,000＝500,000

21 ②: 제4회계연도 말 감가상각누계액＝(120,000－20,000) /5×2＝40,000

기계장치 장부가액＝120,000－40,000＝80,000

유형자산처분손실＝80,000－50,000＝30,000

〈주관식 문제〉

22 자본적 지출과 수익적 지출(1)

1. b, c, e　　　　　2. a, d, f, g

23 자본적 지출과 수익적 지출(2)

(1) 지출연도: 수익적 지출은 전액 비용처리되나 자본적 지출은 자산계상 후 감가상각을 통해 일부만 비용처리되므로 자본적 지출로 잘못 처리하면 당기순이익이 과대계상된다.

(2) 지출연도 이후: 수익적 지출은 더 이상 비용처리가 없으나 자본적 지출은 감가상각비가 발생하므로 자본적 지출로 잘못 처리하면 당기순이익이 과소계상된다.

24 자본적 지출과 수익적 지출(3)

1. 수익적 지출	(차변)	수선유지비	100,000	(대변)	현 금	100,000
2. 자본적 지출	(차변)	차량운반구	1,200,000	(대변)	현 금	1,200,000
3. 수익적 지출	(차변)	수선유지비	50,000	(대변)	현 금	50,000
4. 자본적 지출	(차변)	차량운반구	500,000	(대변)	현 금	500,000

25 가속상각법과 수익·비용 대응

동의한다. 일반적으로 유형자산을 취득한 초기에는 왕성한 생산력으로 많은 수익을 창출하고 고장으로 인한 조업중단, 수선비 등이 적게 발생하는 반면, 후기로 갈수록 생산능력은 떨어지고 고장, 노후화로 인한 비용이 많이 발생한다. 따라서 수익을 많이 창출하는 초기에 많은 감가상각비를 계상하는 것이 수익·비용 대응의 견지에서 볼 때 합리적이다. 또한 감가상각비를 초기에는 많이, 후기에는 적게 계상하는 방법이 유형자산 총비용(감가상각비＋수선비)을 매기간 어느 정도 평준화할 수 있다는 측면에서 바람직하다.

26 취득원가(1)

토지　425,000원: ₩350,000＋₩25,000＋₩50,000＝₩425,000

건물 1,835,000원: ₩85,000＋₩1,750,000＝₩1,835,000

27 취득원가(2)

6,080만원; 1,800＋500＋900＋380＋2,500＝6,080

* 기존 건물 철거비용과 토지의 취득세는 토지계정으로 계상한다.

28 취득원가(3)

	토 지	건 물
(1)	₩3,000	
(2)	170	
(3)	50	
(4)		₩2,500
(5)		40
취득원가	₩3,220	₩2,540

29 취득원가(4)

9,480만원: 8,800＋250＋170＋260＝9,480

취득에 단기간이 소요되는 유형자산 관련 이자비용과 기존 고용 기술자에의 임금은 발생한 기간에 비용처리한다.

30 정액법

1. 제1회계연도 $(₩5{,}300-₩300)\times\frac{1}{5}\times\frac{6}{12}=₩500$

   제2회계연도 $(₩5{,}300-₩300)\times\frac{1}{5}\times\frac{12}{12}=₩1{,}000$

2. 제3회계연도 3월 31일

① (차변) 감가상각비 250* (대변) 감가상각누계액 250

* $(₩5{,}300-₩300)\times\frac{1}{5}\times\frac{3}{12}=₩250$

② (차변) 현 금 3,000 (대변) 건 물 5,300
감가상각누계액 1,750*
유형자산처분손실 550

* ₩500＋1,000＋250＝₩1,750

31 이중체감법

감가상각률$=\frac{1}{5}\times2=40\%$

제1회계연도 ₩500,000×40%＝₩200,000

제2회계연도 (₩500,000－200,000)×40%＝₩120,000

제3회계연도 (₩500,000－200,000－120,000)×40%＝₩72,000

제4회계연도 (₩500,000－200,000－120,000－72,000)×40%＝₩43,200

제5회계연도 ₩500,000－(₩200,000＋120,000＋72,000＋43,200)－₩40,000＝₩24,800

32 다양한 감가상각 방법

1. 정액법

제5회계연도 (₩1,000,000－₩100,000)÷5년 $\times \frac{6}{12}$ ＝₩90,000

제6회계연도 (₩1,000,000－₩100,000)÷5년 $\times \frac{12}{12}$ ＝₩180,000

2. 정률법

제5회계연도 ₩1,000,000×0.37$\times \frac{6}{12}$＝₩185,000

제6회계연도 (₩1,000,000×0.37$\times \frac{6}{12}$)＋(₩1,000,000－₩370,000)×0.37$\times \frac{6}{12}$
＝₩301,550

3. 연수합계법

제5회계연도 (₩1,000,000－₩100,000)$\times \frac{5}{15} \times \frac{6}{12}$＝₩150,000

제6회계연도 (₩1,000,000－₩100,000)$\times (\frac{5}{15} \times \frac{6}{12} + \frac{4}{15} \times \frac{6}{12})$＝₩270,000

4. 생산량비례법

제5회계연도 (₩1,000,000－₩100,000)$\times \frac{150,000}{500,000}$＝₩270,000

제6회계연도 (₩1,000,000－₩100,000)$\times \frac{200,000}{500,000}$＝₩360,000

33 유형자산의 처분(1)

1. 정액법

① (차변) 감가상각비 393,750* (대변) 감가상각누계액 393,750

* 처분연도 7개월간의 감가상각비: (₩3,000,000－₩300,000) $\times \frac{1}{4} \times \frac{7}{12}$ ＝₩393,750

② (차변) 현 금 1,800,000 (대변) 기계장치 3,000,000
감가상각누계액 843,750*
유형자산처분손실 356,250

* 처분일 현재 감가상각누계액: (₩3,000,000−₩300,000)×$\frac{1}{4}$×$\frac{8}{12}$+₩393,750

2. 연수합계법

① (차변) 감가상각비 562,500* (대변) 감가상각누계액 562,500

* {(₩3,000,000−₩300,000)×4/10×4/12}+{(₩3,000,000−₩300,000)×3/10×3/12}

={1월 1일부터 5월 1일까지 4개월간 상각비}+{5월 1일부터 8월 1일까지 3개월간 상각비}

=360,000+202,500=₩562,500

② (차변) 현 금 1,800,000 (대변) 기계장치 3,000,000

감가상각누계액 1,282,500* 유형자산처분이익 82,500

* {(₩3,000,000−₩300,000)×4/10×8/12}+₩562,500

={제3회계연도 상각비}+{제4회계연도 상각비}=₩720,000+₩562,500=₩1,282,500

34 유형자산의 처분(2)

135,000원

제11회계연도 말 장부금액은 200,000원(왜냐하면 1년에 40,000원씩 감가상각)

처분손실=65,000−200,000=135,000원

35 재배치비용

1. 생산성이 향상되었으므로 이전비는 자본적 지출로 보아야 한다. 따라서 이전 시 10,000원을 기계장치에 가산하고, 추후 10년 동안 매년 감가상각비를 1,000원씩 더 인식하여야 한다.

2. 생산성 향상이 없으므로 이전비는 수익적 지출로 보아야 한다. 따라서 이전 시 10,000원을 비용(영업비용)처리를 하여야 한다.

36 무형자산(1)

① 없다 ② 없다 ③ 판매비와관리비 ④ 있다 ⑤ 영업권, 개발비

37 무형자산을 직접 상각하는 이유

현재 대부분의 기업에서 무형자산 가액은 보잘것없으며 따라서 자산에서 차지하는 비중이 매우 낮다. 비중이 크지 않은, 즉 중요하지 않은 자산에 대해 취득원가와 상각누계액을 별도로 공시하는 것은 복잡할 뿐 정보이용자에게 별다른 도움을 주지 못한다. 무형자

산가액이 왜소하게 보고되는 주된 이유 중의 하나는 현 기업회계기준이 무형자산의 미래 수익창출능력이 주관적이고 불확실하다는 입장을 취하면서 무형자산의 인식에 매우 보수적이기 때문이다. 요즈음 산업이 고도 기술화되면서 무형자산이 기업가치결정에 중요한 요인이 되어가는 추세이다. 이에 따라 향후 기업회계기준이 무형자산의 인식에 보다 관대해진다면 무형자산이 자산에서 차지하는 비중이 커질 것이며, 이 경우 취득원가와 상각누계액을 별도로 공시하는 간접법의 사용이 적절할 것이다.

38 영업권

자가창출된 영업권을 평가하는데는 주관성이 개입된다. 객관적인 거래가액이 없으므로 손익조작의 수단이 될 우려가 있으므로 실제 기업 또는 영업의 인수과정에서 취득한 영업권만이 무형자산으로 인정된다.

39 무형자산(2)

1. 영업권＝합병대가－피합병기업 순자산의 공정가치
   ＝100억원－(180억원－100억원)
   ＝20억원

합병시	(차변)	제 자산	180억	(대변)	제 부채	100억
		영업권	20억		현 금	100억
합병연도말	(차변)	영업권손상차손	15억	(대변)	영업권	15억

2. 3회계초	(차변)	연구비	2억	(대변)	현 금	5억
		개발비	3억			
3회계말	(차변)	개발비상각비	0.6억	(대변)	개발비	0.6억
4회계초	(차변)	특허권	0.1억	(대변)	현 금	0.1억
4회계말	(차변)	개발비상각비	0.6억	(대변)	개발비	0.6억
	(차변)	특허권상각비	0.02억	(대변)	특허권	0.02억

40 영업권(합병차손)과 염가매수차익(합병차익)

1. 순자산의 공정가치＝₩3,000－₩1,500＝₩1,500
   영업권＝₩1,700(합병대가)－₩1,500(순자산 공정가치)＝₩200

   참고로, 합병 시 (주)경기의 회계처리를 제시하면,

(차변)	현 금	200	(대변)	매입채무	300
	단기금융상품	300		사 채	1,200
	토 지	500		현 금	1,700
	건 물	2,000			
	영업권	200			

* 현금은 차변과 대변금액이 상계되어 대변 1,500으로 표기되게 됨.

2. 염가매수차익＝₩1,200－₩1,500＝₩300만원

참고로, 합병 시 (주)경기의 회계처리를 제시하면,

(차변)	현 금	200	(대변)	매입채무	300
	단기금융상품	300		사 채	1,200
	토 지	500		현 금	1,200
	건 물	2,000		염가매수차익	300

* 현금은 차변과 대변금액이 상계되어 대변 1,000으로 표기되게 됨.

제 9 장 장기금융자산

〈객관식 문제〉

01 ④	02 ②	03 ④	04 ③	05 ③	06 ⑤	07 ②	08 ③
09 ④	10 ①	11 ④	12 ②	13 ②	14 ②	15 ④	16 ③

〈주관식 문제〉

17 장기금융자산의 의의

장기금융자산은 c(장기대여금), d(원리금 수취 목적의 금융자산), h(장기성매출채권)이다.

a는 자본, b는 유형자산, e는 단기금융자산(유동자산), f는 재고자산, g는 유형자산이다.

18 투자주식(1): 당기손익-공정가치 측정

1. (차변)	투자주식(갑)	30	(대변)	투자주식평가이익	30
	투자주식평가손실	70		투자주식(을)	70

또는 종목별 평가이익과 평가손실을 상계함으로써 총계적으로,

1. (차변)	투자주식평가손실	40	(대변)	투자주식	40

상계 후의 투자주식평가손실은 당기손익(기타비용)으로 인식한다.

2. **부분 재무상태표**

자 산 :	:
비유동자산	자 본 :
장기금융자산	
투자주식 360	:
:	

3. **부분 포괄손익계산서**

:

기타비용

:

투자주식평가손실 40

19 투자자산(1): 기타포괄손익-공정가치 측정

1. (차변)	투자주식(갑)	30	(대변)	투자주식평가이익	30
	투자주식평가손실	70		투자주식(을)	70

또는 종목별 평가이익과 평가손실을 상계함으로써 총계적으로,

1. (차변)	투자주식평가손실	40	(대변)	투자주식	40

상계 후의 투자주식평가손실은 재무상태표의 자본에 기타포괄손익누계액 항목으로 보고한다.

2. **부분 재무상태표**

자 산 :		:	
비유동자산		자 본 :	
장기금융자산		기타포괄손익누계액	
투자주식	360	투자주식평가손실	(40)
:		:	

3. **부분 포괄손익계산서**

:

기타포괄손익

:

투자주식평가손실 40

:

20 투자주식(2): 기타포괄손익-공정가치 측정

1. ₩50,000 − ₩9,000 = ₩41,000 ∴ 주당 ₩4,100

2.

(1) 3/20 (차변) 현 금 100 (대변) 배당금수익 100

(2) 6/8 (차변) 현 금 45,000 (대변) 투자주식 50,000

투자주식처분손실 5,000 *

* (처분대가－투자주식 직전평가액). 즉, ₩45,000－50,000＝(₩5,000)

* 처분 시 재무상태표의 자본(기타포괄손익누계액)으로 보고된 투자주식평가이익 ₩9,000은 당기손익으로 재순환(recycling)시키지 않으므로 제거되지 않고 재무상태표의 자본에 그대로 남아 있게 된다.

21 투자주식(3): 당기손익-공정가치 측정

(1) 3/20 (차변) 현 금 100 (대변) 배당금수익 100

(2) 6/8 (차변) 현 금 45,000 (대변) 투자주식 50,000

투자주식처분손실 5,000 *

* (처분대가－투자주식 직전평가액). 즉, ₩45,000－50,000＝(₩5,000)

* 회계처리는 위 19번 문제와 다르지 않게 된다. 다만 제11회계연도말에 인식한 투자주식평가이익 ₩9,000이 그 해에 당기손익(기타수익)으로 인식된다는 점만 다르다.

22 투자사채: 원리금 수취 목적

1. 취득시점

(차변) 투자사채 100,000 (대변) 현 금 100,000

2. 제2회계연도말과 제3회계연도말, 제4회계연도말

(차변) 현 금 10,000 (대변) 이자수익 10,000

3. 제4회계연도말

(차변) 현 금 110,000 (대변) 이자수익 10,000

투자사채 100,000

* 원리금 수취 목적의 투자사채는 상각후원가법으로 평가하는데, 본 액면발행의 경우 할인금액의 상각조정이 없으므로 원가법을 적용하면 된다.

23 투자사채: 원리금 수취 및 매도 목적

1. 취득시점

(차변) 투자사채 100,000 (대변) 현 금 100,000

2. 제2회계연도말

(차변)	현 금	10,000	(대변)	이자수익	10,000
	투자사채평가손실	5,000		투자사채	5,000

* 원리금 수취 및 매도 목적의 투자사채는 기타포괄손익-공정가치법로 측정한다. 따라서 투자사채평가손실은 재무상태표 자본의 기타포괄손익누계액으로 보고한다.

3. 제3회계연도말

(차변)	현 금	10,000	(대변)	이자수익	10,000
	투자사채	11,000		투자사채평가이익	11,000

* 투자사채평가손익은 2회계연도말의 차변 잔액 5,000(투자사채평가손실)에 3회계연도말 대변에 기록된 11,000(투자사채평가이익)이 누적되어 대변 잔액 6,000을 갖게 되며, 재무상태표 자본의 기타포괄손익누계액으로 가산 보고된다.

4. 처분시점, 제4회계연도 7월 1일

(차변)	미수이자	5,000	(대변)	이자수익	5,000
(차변)	현 금	107,000	(대변)	투자사채	106,000
	투자사채평가이익	6,000		미수이자	5,000
				투자사채처분이익	2,000

* 재무상태표 자본의 투자사채평가손익(기타포괄손익누계액)은 처분시 당기손익으로 재순환된다. 따라서 투자사채처분이익(기타수익)은 미수이자 계상전 처분가(102,000)와 취득원가(100,000) 간의 차이가 된다.

24 투자사채: 매도 목적

1. 제2회계연도말

(차변)	현 금	10,000	(대변)	이자수익	10,000
(차변)	투자사채평가손실	5,000	(대변)	투자사채	5,000

* 매도 목적 투자사채의 경우 투자사채평가손실은 당기손익(기타비용)으로 인식한다.

2. 처분시점, 제3회계연도 7월 1일

(차변)	미수이자	5,000	(대변)	이자수익	5,000
(차변)	현 금	99,000	(대변)	투자사채	95,000
	투자사채처분손실	1,000		미수이자	5,000

25 지분법(보론)

1. (차변) 관계기업투자 1,000,000 (대변) 현 금 1,000,000

2. (차변) 관계기업투자 50,000 * (대변) 지분법이익 50,000

   * 지분율 해당 순이익 보고액 ₩200,000×25%=₩50,000

   (차변) 지분법이익 50,000 * (대변) 관계기업투자 50,000

   * 내재된 영업권 ₩250,000÷5=₩50,000

3. (차변) 관계기업투자 75,000 * (대변) 지분법이익 75,000

   * 지분율 해당 순이익 보고액 ₩300,000×25%=₩75,000

   (차변) 지분법이익 50,000 * (대변) 관계기업투자 50,000

   * 내재된 영업권 ₩250,000÷5=₩50,000

   (차변) 현 금 40,000 * (대변) 관계기업투자 40,000

   *지분율 해당 배당 수령액 ₩20×2,000주=₩40,000

제10장 부 채

〈객관식 문제〉

01 ⑤ 02 ② 03 ① 04 ③

05 ①: 19,000-(12,000-1,200)=8,200

06 ② 07 ③

08 ②: 할증발행 시 만기까지 인식해야 할 이자비용 총액＝액면이자－사채할증발행차금
할증발행 시 만기까지 인식해야 할 이자비용 총액＝3,000－515＝2,485

09 ③: 할인발행 시 만기까지 인식해야 할 이자비용 총액＝액면이자＋사채할인발행차금
할인발행 시 만기까지 인식해야 할 이자비용 총액＝2,400＋(10,000－9,502)
＝2,898

10 ②: 유효이자율 < 표시이자율 ⋯→ 사채 할증발행
할증발행한 사채의 이자비용은 현금지급액보다 작다.

(차변) 이자비용	×××	(대변) 현 금	×××
사채할증발행차금	×××		

11 ⑤: 발행당시(제3회계연도초) 장부금액＝₩179,840－₩7,168＝₩172,672
유효이자율＝₩43,168/₩172,672＝25%.

12 ②: 48,687－(3,381－3,000)＝48,306

13 ①: 3,381/48,306＝3,408/48,687＝0.07

14 ②: 3,000/50,000＝0.06

15 ①

16 ④: (48,687＋408)×0.07－3,000＝437

17 비유동부채의 개념

비유동부채에 해당하는 것은 d이다. f, g의 경우 1년 후에 현금지출이 예상될 경우라면 비유동부채이나, 1년 이내에 현금지출이 예상되면 유동부채이다. a와 b는 유동부채이다. 유동성장기금융부채(b)는 만기가 1년 이내로 도래한 장기금융부채이다. c는 유동자산 또는 비유동자산, e는 자본의 차감항목인 자본조정, h는 비유동자산 중 유형자산인 건물에 대한 차감계정이다.

18 충당부채와 우발부채

a, d, e는 충당부채로 재무상태표에 부채로 인식한다.

b는 우발부채로 주석 공시한다.

c는 발생 가능성이 매우 낮으므로 주석 공시도 필요 없다.

19 시장이자율과 사채가격의 관계

① c ② d ③ b ④ e ⑤ f ⑥ a

20 정액법과 유효이자율법의 비교

① 증가 ② 일정 ③ 일정 ④ 일정 ⑤ 증가 ⑥ 증가

⑦ 감소 ⑧ 일정 ⑨ 일정 ⑩ 일정 ⑪ 증가 ⑫ 감소

21 사채의 현가계산

액면발행 되었으므로 발행가액은 1,000만원이고, 발행당시 시장이자율은 표시이자율인 10%이다. 발행당시 이 사채의 원금 현재가치와 현금이자의 현재가치는 각각,

원금의 현재가치＝1,000만원×S(10, 0.1)＝1,000만원×0.3855＝385.5만원

이자의 현재가치＝100만원×A(10, 0.1)＝100만원×6.1450＝614.5만원

원금의 현재가치와 현금이자의 현재가치를 합치면 발행가격이 1,000만원이 됨을 알 수 있다. 이 발행가격은 바로 액면금액과 같다.

22 정액법과 유효이자율법 하의 이자비용

1. 881,046원

   사채할인발행차금 상각액: (6,000,000－5,194,770)/5＝161,046

   현금이자: 6,000,000×6%×2＝720,000

   이자비용: 720,000＋161,046＝881,046

2. 835,610원

   제3회계연도 5월 31일 이자비용: 5,194,770×16%×6/12＝415,582

   제3회계연도 5월 31일 현금이자: 6,000,000×6%＝360,000

   제3회계연도 5월 31일 할인발행차금 상각액: 415,582－360,000＝55,582

   제3회계연도 5월 31일 사채 장부금액: 5,194,770＋55,582＝5,250,352

   제3회계연도 11월 30일 이자비용: 5,250,352×16%×6/12＝420,028

따라서, 제3회계연도 이자비용: 415,582＋420,028＝835,610

23 투자자와 발행자의 사채 회계처리

1.

원금의 현금가치	₩100,000×0.6931＝	₩69,310
현금이자의 현재가치	₩10,000×2.3612＝	₩23,612
발행가액		₩92,922

2. 태양(주)

일자	차변	금액	대변	금액
제2연도 01/1	(차변) 현 금	92,922	(대변) 사 채	100,000
	사채할인발행차금	7,078		
제2연도 12/31	(차변) 이자비용	12,080*	(대변) 현 금	10,000
			사채할인발행차금	2,080

* ₩92,922×13%＝₩12,080

일자	차변	금액	대변	금액
제3연도 12/31	(차변) 이자비용	12,350	(대변) 현 금	10,000
			사채할인발행차금	2,350*

* ₩2,080×(1＋13%)＝₩2,350

일자	차변	금액	대변	금액
제3연도 12/31	(차변) 이자비용	12,648	(대변) 현 금	10,000
			사채할인발행차금	2,648*

* ₩7,078－₩2,080－₩2,350＝₩2,648

일자	차변	금액	대변	금액
	(차변) 사 채	100,000	(대변) 현 금	100,000

3. 목성(주)

일자	차변	금액	대변	금액
제1연도 1/1	(차변) 투자사채	92,922	(대변) 현 금	92,922
제1연도 12/31	(차변) 현 금	10,000	(대변) 이자수익	12,080
	투자사채	2,080		
제2연도 12/31	(차변) 현 금	10,000	(대변) 이자수익	12,350
	투자사채	2,350		
제3연도 12/31	(차변) 현 금	10,000	(대변) 이자수익	12,648
	투자사채	2,648		
	(차변) 현 금	100,000	(대변) 투자사채	100,000

※ 참고로 상각표는 다음과 같다.

일 자	장부금액	유효이자	액면이자	상각액
제1연도 01. 01.	₩92,922			
제1연도 12. 31.	95,002	₩ 12,080	₩ 10,000	₩ 2,080
제2연도 12. 31.	97,352	12,350	10,000	2,350
제3연도 12. 31.	100,000	12,648	10,000	2,648*
계		₩ 37,078	₩ 30,000	₩ 7,078

* 단수정리

24 연 2회 이자지급 사채

1. 사채의 발행가격

(1) 원금의 현재가치 ₩100,000×0.8227＝₩82,270

(2) 현금이자의 현재가치 ₩3,000×3.5460＝₩10,638

발행금액 ₩92,908

2. 회계처리

제1연도 01/01	(차변)	현 금	92.908	(대변)	사 채	100,000
		사채할인발행차금	7,092			
제1연도 06/30	(차변)	이자비용	4,645*	(대변)	현 금	3,000
					사채할인발행차금	1,645

* ₩92,908×5%＝₩4,645

제1연도 12/31	(차변)	이자비용	4,728*	(대변)	현 금	3,000
					사채할인발행차금	1,728

* ₩94,553×5%＝₩4,728

제2연도 06/30	(차변)	이자비용	4,814*	(대변)	현 금	3,000
					사채할인발행차금	1,814

* ₩96,281×5%＝₩4,814

제2연도 12/31	(차변)	이자비용	4,905*	(대변)	현 금	3,000
					사채할인발행차금	1,905*

* ₩98,095×5%＝₩4,905

제2연도 12/31	(차변)	사 채	100,000	(대변)	현 금	100,000

※ 참고로 상각표는 다음과 같다.

일 자	장부금액	유효이자(5%)	액면이자(3%)	상각액
제1연도 1. 1.	₩92,908			
제1연도 6. 30.	94,553	₩ 4,645	₩ 3,000	₩1,645
제1연도 12. 31.	96,281	4,728	3,000	1,728
제2연도 6. 30.	98,095	4,814	3,000	1,814
제2연도 12. 31.	100,000	4,905	3,000	1,905
계		₩ 19,092	₩ 12,000	₩ 7,092

제 11 장 자 본

〈객관식 문제〉

01 ⑤	02 ④	03 ⑤	04 ①	05 ①	06 ⑤	07 ①	08 ③
09 ②	10 ⑤	11 ③	12 ③	13 ③	14 ①	15 ①	16 ④

〈주관식 문제〉

17 자본의 분류(1)

가 - b, 나 - c, 다 - e, 라 - a, 마 - d, 바 - f

18 자본의 분류(2)

1. 자본금	m
2. 자본잉여금	c, g, h
3. 이익잉여금	a, e, j
4. 자본조정	i, k, l, n
5. 기타포괄손익누계액	b, f

19 사채와 주식의 비교

① 갖는다.	② 갖지 않는다.	③ 되지 않는다.	④ 된다.	⑤ 크다.
⑥ 작다	⑦ 없다.	⑧ 있다.	⑨ 없다.	⑩ 있다.

20 무상증자와 주식배당의 차이

무상증자와 주식배당은 모두 발행주식 수를 증가시키나 대금 납입이 없으므로 기업의 자산과 자본 총계에 변동을 초래하지 않는다. 따라서 이 둘 간의 실질적인 차이는 없다. 다만 무상증자와 주식배당은 자본의 구성요소 간에 금액의 전이를 가져오는데, 이점에서 이 둘 간의 차이가 있다. 즉, 무상증자의 경우, 자본금을 증가시키면서 주로 자본잉여금을 감소시킨다. 이 점에서 무상증자를 자본잉여금의 자본금 전입이라 한다. 반면, 주식배당의 경우, 자본금을 증가시키면서 이익잉여금을 감소시킨다. 이 점에서 무상증자를 이익잉여금의 자본금 전입이라 한다.

21 적립금의 의미

동의하지 않는다.

이익잉여금의 일부를 특정 적립금으로 적립하는 이유는 회사가 배당을 제한한다는 효과 이상의 큰 의미는 없다. 상기 재무상태표상의 감채적립금 ₩820,000은 재무상태표 차변의 유동자산과 비유동자산의 장부금액 어디엔가 흩어져 있을 것이다. 그러나 유동자산이 ₩5,000이므로 적어도 ₩815,000의 장부금액이 비유동자산에 포함되어 있을 것이다. 비유동자산은 역사적 원가로 기록되어 있어 그 실제가치(시가)는 미지수이다. 또한 이를 현금화한다 하여도 시간이 많이 소요되므로 유동부채 ₩720,000의 상환에 도움을 줄 수 있을지는 불확실하다.

22 주식의 발행

1. 주식발행시 회계처리

(1) (차변)	현 금	70,000,000*	(대변)	보통주자본금	50,000,000
				주식발행초과금	20,000,000

* (10,000주×₩7,000)＝₩70,000,000

(2) (차변)	현 금	30,000,000*	(대변)	우선주자본금	25,000,000
				주식발행초과금	5,000,000

* (5,000주×₩6,000)＝₩30,000,000

2.

부분 재무상태표

:		
자 본		
I. 자본금		75,000,000
1. 보통주자본금	50,000,000	
2. 우선주자본금	25,000,000	
II. 자본잉여금		
1. 주식발행초과금		25,000,000
:		

23 이익잉여금

주식배당 금액: x=2,000

당기순이익의 계산: 104,600＝100,000＋NI－(15,000＋2,000)

따라서 NI(당기순이익)＝21,600

24 보통주와 우선주 배당금계산

(1) 배당가능이익계산

기초이월결손금			(₩5,000,000)
당기순이익			25,000,000
계			20,000,000
우선주배당금	5,000주×5,000×9%×3년	=	(6,750,000)
보통주배당금	25,000주×100	=	(2,500,000)
(2) 이익잉여금 잔액			₩10,750,000

25 유상증자 직후의 이론적 가격

권리락일의 이론적 주가

= [(200주×5,000원)+(200주×9,000원)] / 총 400주

= 7,000원

26 무상증자와 주식배당

1.	(차변)	주식발행초과금	50,000	(대변)	보통주자본금	50,000
2. 12/31		분개 없음				
3/15	(차변)	미처분이익잉여금	15,000	(대변)	미지급배당금	5,000
					미교부주식배당금	10,000
4/15	(차변)	미지급배당금	5,000	(대변)	현 금	5,000
		미교부주식배당금	10,000		보통주자본금	10,000

* 주식배당의 선언 시 주식은 아직 발행되지 않았으므로 임시적으로 미교부주식배당금이라는 자본조정 계정을 대기한 후, 주식이 발행되면 보통주자본금 계정으로 대체한다.

3. 권리락일의 이론적 주가

=(400주×15,000원)/총 600주=10,000원

27 유상감자(실질적 감자)

1.	(차변)	보통주자본금	50,000	(대변)	현 금	40,000
					감자차익	10,000

2. (차변)	보통주자본금	50,000	(대변)	현 금	80,000
	감자차익	10,000			
	감자차손	20,000			
3. (차변)	미처분이익잉여금	20,000	(대변)	감자차손	20,000

28 무상감자(형식적 감자)

(차변)	자본금	4,500억	(대변)	미처리결손금	2,000억
				감자차익	2,500억

29 자기주식의 취득과 처분

1. (차변)	자기주식	70,000	(대변)	현 금	70,000
2. (차변)	현 금	32,000	(대변)	자기주식	28,000
				자기주식처분이익	4,000
3. (차변)	현 금	30,000	(대변)	자기주식	42,000
	자기주식처분이익	4,000			
	자기주식처분손실	8,000			
4. (차변)	미처분이익잉여금	8,000	(대변)	자기주식처분손실	8,000

30 재무상태표 자본항목

1. 3,000,000÷5,000＝600주
2. 4,500,000÷600주＝₩7,500
3. 2,000,000÷5,000＝400주
4. 2,500,000÷400주＝₩6,250
5. 1,100,000－배당금＋300,000＝1,000,000. 따라서 배당금＝₩400,000

31 이익잉여금의 처분(보론)

제8회계연도말 미처분이익잉여금

＝제7회계연도말 미처분이익잉여금, 190,000

＋임의적립금의 이입, 30,000

－법정적립금과 임의적립금으로의 처분, 50,000

－현금배당, 10,000

＋제8회계연도 당기순이익, 60,000

=220,000

32 재무상태표 및 이익잉여금처분계산서 작성(보론)

제12회계연도 회계처리는 다음과 같다.

02/28	(차변)	미처분이익잉여금	320,000	(대변)	미지급배당금	200,000
					이익준비금	20,000
					배당평균적립금	100,000
03/10	(차변)	미지급배당금	200,000	(대변)	현 금	200,000
12/31	(차변)	집합손익	825,000	(대변)	미처분이익잉여금	825,000

또한, 제13회계연도 회계처리는 다음과 같다.

03/15	(차변)	미처분이익잉여금	330,000	(대변)	이익준비금	30,000
					미지급배당금	300,000
	(차변)	배당평균적립금	70,000	(대변)	미처분이익잉여금	70,000

제12회계연도말 재무상태표의 이익잉여금 부분은 기본적으로 전기(제11회계연도)말의 이익잉여금 항목에 전기(제11회계연도)의 이익잉여금처분계산서 내용을 추가하여 작성한다. 제12회계연도말 재무상태표상 미처분이익잉여금은 전기 이익잉여금처분계산서의 차기이월미처분이익잉여금(220,000원)에 당기(제12회계연도)의 당기순이익(825,000원)만 추가로 반영하면 된다.

재무상태표의 이익잉여금 부분

제12회계연도 12월 31일 현재

Ⅴ. 이익잉여금	
1. 이익준비금	50,000
2. 배당평균적립금	250,000
3. 미처분이익잉여금	1,045,000
(당기순이익 825,000)	

또한 제13회계연도 2월 28일에 확정한 제12회계연도의 이익잉여금처분계산서는 다음과 같이 작성된다.

이익잉여금처분계산서

제12회계연도 1월 1일부터 12월 31일까지

(주)유비 처분확정일: 제13회계연도 2월 28일

과목	금액	금액
I. 미처분이익잉여금		
1. 전기이월미처분이익잉여금	220,000	
2. 당기순이익	825,000	1,045,000
II. 임의적립금이입액		
1. 배당평균적립금	70,000	70,000
합 계		1,115,000
III. 이익잉여금처분액		
1. 이익준비금	30,000	
2. 현금배당	300,000	330,000
IV. 차기이월미처분이익잉여금		**785,000**

제 12 장 자본변동표와 현금흐름표

〈객관식 문제〉

01 ③

02 ⑤: 단기매매금융자산의 취득은 영업활동 현금흐름

03 ④: 매입대금 지급은 영업활동 현금흐름

04 ① 05 ①

06 ③: 당기순이익＋감가상각비－유형자산처분이익＋재고자산의 감소－매출채권의 증가＋매입채무의 증가＝50,000＋2,000－4,000＋3,000－6,000＋3,500＝48,500

07 ②:

당기순이익	?
감가상각비	23,000
매출채권의 증가	(16,000)
미지급법인세의 감소	(2,500)
선수수익의 증가	8,000
유형자산처분손실	18,000
영업활동으로 인한 현금흐름	120,000

08 자본변동표의 작성

자본변동표

20×1년 1월 1일부터 12월 31일까지

구 분	자본금	자본 잉여금	자본조정	기타포괄이익 누계액	이익 잉여금	총 계
기초금액	₩200,000	₩300,000		₩20,000	₩85,000	₩605,000
배 당					(50,000)	(50,000)
유상증자	50,000	120,000				170,000
총포괄이익				18,000	72,000	90,000
기말금액	₩250,000	₩420,000		₩38,000	₩107,000	₩815,000

09 현금흐름표의 유용성과 한계점

1. 유용성
   (1) 재무상태표와 포괄손익계산서에 보완적으로 기업의 안정성(위험도)과 수익성(미래 현금흐름 창출능력)을 평가할 수 있는 정보를 제공한다.
   (2) 당기순이익과 현금증가분의 차이(발생주의와 현금주의의 차이)에 관한 정보를 제공한다.
   (3) 발생주의의 자의성을 배제함으로써 이익의 질(earnings quality)을 평가하는 데 도움을 준다.
   (4) 기업의 현금흐름 창출능력, 부채상환능력, 외부자금조달의 필요성, 배당금 지급여력 등에 관한 정보를 제공한다.

2. 한계점
   (1) 기업의 미래 수익성(미래 현금흐름 창출능력)을 예측하는데 현금흐름표상의 과거의 현금흐름보다 포괄손익계산서상의 과거의 이익이 보다 유용하다는 여러 실증 증거가 제시되어 있다.
   (2) 기업의 단기적(과거 한 기간) 현금흐름에만 근거하고 있어서 장기적 현금흐름 및 수익성을 예측하는 등 장기적 계획수립에는 적합하지 못하다.
   (3) 간접법의 경우 지나치게 복잡하여 정보이용자들의 이해가능성을 무시하는 측면이 있다.

10 현금흐름표의 작성원리

1. (1) 영업활동: ②, ④
   (2) 투자활동: ②*, ③

   * 유동자산 중 단기대여금의 대여와 회수는 투자활동이다.

   (3) 재무활동: ④*, ⑤, ⑥

   * 유동부채 중 단기차입금의 차입과 상환은 재무활동이다.

2. (1) 현금의 유입: 비현금 유동자산의 감소, 부채의 증가, 자본의 증가, 비유동자산의 감소. 즉, 자산의 처분, 부채의 차입, 또는 자본의 증가를 통하여 현금을 조달한다.
   (2) 현금의 유출: 비유동자산의 증가, 비현금 유동자산의 증가, 부채의 감소, 자본의 감소 등. 즉, 자산의 구입, 부채의 상환, 또는 자본의 감소에 현금이 사용된다.

11 현금흐름의 분류

이자 지급 : 영업활동 또는 재무활동
배당금 지급 : 재무활동 또는 영업활동
이자 수령 : 영업활동 또는 투자활동
배당금 수령 : 영업활동 또는 투자활동

12 투자와 재무활동으로 인한 현금흐름(1)

1. 투자활동으로 인한 현금흐름

현금유입액:	장기대여금의 회수	1,400
	기계장치의 처분	1,830
	투자주식의 처분	970
현금유출액:	건물의 구입	(11,300)
투자활동 현금흐름 합계		(7,100)

2. 재무활동으로 인한 현금흐름

현금유입액:	단기차입금의 차입	1,250
	보통주의 발행	18,000
현금유출액:	사채의 상환	(3,000)
	자기주식의 취득	(2,700)
	배당금의 지급	(1,360)
재무활동 현금흐름 합계		12,190

13 투자와 재무활동으로 인한 현금흐름(2)

1. 투자활동

토지 처분의 분개는 다음과 같다.

(차변)	토지처분손실	23	(대변)	토 지	200
	현 금	177			

건물 처분을 자세히 설명하면, 자료 (2)와 포괄손익계산서에서

(차변)	감가상각누계액	30	(대변)	건 물	180
	현 금	165		건물처분이익	15

따라서 기존 건물 처분가는 150(장부가)+15(처분이익)=165이다.

위의 건물 처분에 따른 취득원가 180의 감소에도 불구하고 기말 건물 취득원가는 420이므로 당기 중 건물구입액은 200이다. 즉, 420－(400－180)＝200이다. 건물 취득 및 감가상각 분개는 다음과 같다.

(차변) 건　물	200	(대변) 현　금	200
(차변) 감가상각비	20	(대변) 감가상각누계액	20

따라서,

투자활동으로 인한 현금유입액	
① 토지처분	177
② 건물처분	165
	342

투자활동으로 인한 현금유출액	
① 건물취득	200

2. 재무활동

당기 중 사채 상환가는 120(장부가)－10(사채상환이익)＝110이다.

따라서 신규 사채 발행가는 아래의 식에서 70이다.

기초사채(200)－상환된 사채 장부가(120)＋신규사채발행(X)＝기말사채(150)

⇒ X＝70

사채상환 분개와 사채 발행 분개는 다음과 같다.

(차변) 사　채	120	(대변) 사채상환이익	10
		현　금	110
(차변) 현　금	70	(대변) 사　채	70

따라서,

재무활동으로 인한 현금유입액	
① 사채발행	70

재무활동으로 인한 현금유출액	
① 사채상환	110

14 현금흐름표의 작성 - 직접법(보론)

거래 성격을 파악하면 다음과 같다.

활 동	현 금 유 입	현 금 유 출
영업활동	매출, 배당금 수취	매입, 법인세 납부
투자활동	투자주식 처분	유형자산 취득, 개발비 지급
재무활동	보통주 발행	차입금 상환

그러므로 현금흐름표는 다음과 같이 작성한다.

현금흐름표(직접법)

(주)신라	제3회계연도 1월 1일 ~ 제3회계연도 12월 31일까지	(단위: 원)
I. 영업활동으로 인한 현금흐름		₩ 370
가. 매출처로부터의 유입액	₩ 1,000	
나. 매입처에 대한 유출액	(600)	
다. 배당금 수취	120	
라. 법인세 납부	(150)	
II. 투자활동으로 인한 현금흐름		(570)
1. 투자활동으로 인한 현금유입액		
가. 투자주식의 처분	230	
2. 투자활동으로 인한 현금유출액		
가. 유형자산의 취득	(500)	
나. 개발비의 지급	(300)	
III. 재무활동으로 인한 현금흐름		300
1. 재무활동으로 인한 현금유입액		
가. 보통주의 발행	700	
2. 재무활동으로 인한 현금유출액		
가. 차입금의 상환	(400)	
IV. 현금의 증가(I+II+III)		100
V. 기초의 현금		300
VI. 기말의 현금		400

15 영업활동으로 인한 현금흐름 - 직접법과 간접법(보론)

직접법

매출처로부터의 유입액	10,000－(5,000－3,000)	8,000
매입처에 대한 유출액	6,000＋(1,000－2,000)－(1,000－400)	(4,400)
급여 유출액	1,000－(800－600)	(800)
임차료 유출액	1,000＋(2,000－1,000)	(2,000)
이자수익 유입액	1,000＋(0－600)	400
이자비용 유출액	500－(100－300)	(700)
법인세 유출액	1,000－(400－0)	(600)
단기매매금융자산 취득액	3,000－2,000	(1,000)
영업활동으로 인한 현금흐름		(1,100)

간접법

Ⅰ. 당기순이익		3,000
Ⅱ. 현금의 유출이 없는 비용 등 가산		500
(1) 감가상각비	500	
Ⅲ. 현금의 유입이 없는 수익 등 차감		(2,000)
(1) 유형자산처분이익	(2,000)	
Ⅳ. 영업활동으로 인한 유동자산과 유동부채의 변동		(1,600)
(1) 매출채권 증가	(2,000)	
(2) 재고자산 감소	1,000	
(3) 선급임차료 증가	(1,000)	
(4) 매입채무 증가	600	
(5) 미지급급여 증가	200	
(6) 미지급이자 감소	(200)	
(7) 미지급법인세 증가	400	
(8) 선수이자 감소	(600)	
(9) 단기매매금융자산의 취득	(1,000)	
Ⅴ. 영업활동으로 인한 현금흐름		(1,100)

16 영업활동으로 인한 현금흐름 - 간접법(보론)

매출·매입 등 영업활동으로부터의 현금 수취 및 지급에 대한 정보가 없으므로 직접법을 사용하는 것이 불가능하다. 단기매매금융자산 및 단기차입금의 변동은 각각 영업활동 및 재무활동 현금흐름 항목이다.

Ⅰ. 당기순이익		75,000
Ⅱ. 현금의 유출이 없는 비용 등 가산		
(1) 감가상각비	1,000	1,000
Ⅲ. 현금의 유입이 없는 수익 등 차감		
(1) 단기매매금융자산처분이익	(500)	(500)
Ⅳ. 영업활동으로 인한 유동자산과 유동부채의 변동		
(1) 매출채권 증가	(1,700)	
(2) 재고자산 증가	(1,300)	
(3) 선급비용 감소	400	
(4) 매입채무 증가	2,500	
(5) 단기매매금융자산의 처분	900	800
Ⅴ. 영업활동으로 인한 현금흐름		76,300

17 현금흐름표의 작성 - 간접법(보론)

현금흐름표(간접법)

(주)다 산 제7회계연도 1월 1일 ~ 12월 31일까지 (단위: 만원)

Ⅰ. 영업활동으로 인한 현금흐름		38,500
1. 당기순이익	13,000	
2. 현금의 유출이 없는 비용 등 가산		
감가상각비*	24,000	
3. 현금의 유입이 없는 수익 등 차감		
기계장치처분이익*	(2,500)	
4. 영업활동으로 인한 유동자산과 유동부채의 변동		
매출채권감소	5,000	
재고자산증가	(5,000)	
매입채무증가	4,000	
Ⅱ. 투자활동으로 인한 현금흐름		(31,500)
1. 투자활동으로 인한 현금유입액		
기계장치의 처분	8,500	
2. 투자활동으로 인한 현금유출액		
기계장치의 구입	(40,000)	
Ⅲ. 재무활동으로 인한 현금흐름		13,000

1. 재무활동으로 인한 현금유입액		
보통주의 발행	10,000	
사채의 발행	6,000	
2. 재무활동으로 인한 현금유출액		
배당의 지급	3,000	
Ⅳ. 현금의 증가(Ⅰ+Ⅱ+Ⅲ)		20,000
Ⅴ. 기초의 현금		10,000
Ⅵ. 기말의 현금		30,000

* 감가상각비 및 기계장치처분이익의 계산

기계장치

차변	대변
100,000	20,000
a	
120,000	

감가상각누계액-기계장치

차변	대변
14,000	10,000
	b
	20,000

기계장치 T-계정에서,

기초잔액=100,000 및 기말잔액=120,000은 재무상태표에서 주어졌음.

처분된 기계장치의 취득원가=20,000

a=기계장치의 취득원가

a는 40,000(=120,000+20,000−100,000)이다.

감가상각누계액-기계장치 T-계정에서,

기초잔액=10,000 및 기말잔액=20,000은 재무상태표에서 주어졌음.

처분된 기계장치의 감가상각누계액=14,000

b=기계장치의 감가상각비

b는 24,000(=20,000+14,000−10,000)이다.

또한 기계장치처분이익은 2,500(=8,500−(20,000−14,000))임.

제 13 장 재무회계의 개념체계

〈객관식 문제〉

01 ④ 02 ① 03 ② 04 ② 05 ③ 06 ③ 07 ③ 08 ①
09 ② 10 ② 11 ② 12 ④

〈주관식 문제〉

13 단답형 개념 확인

1. 중요성	2. 비교가능성	3. 원가제약
4. 회계기간의 가정	5. 역사적 원가의 원칙	6. 경제실체의 가정
7. 경제실체의 가정	8. 완전공시의 원칙	9. 계속기업의 가정
10. 수익인식의 원칙	11. 표현충실성	12. 확인가치
13. 중립성	14. 보수주의	15. 경제실체의 가정

14 회계의 가정

1. 경제실체의 가정: 기업은 독립된 경제적 실체이다. 즉 주주나 임직원과는 별개의 실체이므로 기업의 자산과 그들의 자산을 엄격히 구분하여야 한다.
2. 회계기간의 가정: 계속기업으로 존속하는 기업에 대해 적시적 의사결정에 필요한 재무정보를 제공하기 위하여 회계의 측정과 보고는 일정한 기간을 끊어 정기적으로 수행된다.
3. 측정단위의 가정: 기업에서 발생하는 수많은 경제현상을 화폐라는 공통분모로 측정·표시해야 한다.
4. 계속기업의 가정: 기업이 계속된다는 전제 하에 객관적이고 검증가능한 취득원가로 자산을 평가해야 한다.

15 목적적합성과 표현충실성

① 표현충실성
② 목적적합성

16 회계원칙

1. 역사적 원가의 원칙: 전통적으로 자산·부채는 취득시점의 원가로 평가한다.
2. 수익인식의 원칙: 수익은 수행의무를 이행함으로써 재화나 용역의 통제가 이전되었고, 실현가능(대금회수가 거의 확실)할 때 인식한다.
3. 수익·비용대응의 원칙: 비용은 관련 수익이 보고되는 기간과 같은 기간에 인식한다.
4. 완전공시의 원칙: 정보이용자의 의사결정에 영향을 미칠 수 있는 목적적합한 경제적 정보는 모두 공시되어야 한다.

17 시행상의 제약

1. 보수주의: 대체적인 회계처리방법들 중 자산과 이익을 작게 보고하는 방법으로 회계처리한다.
2. 중 요 성: 의사결정에 영향을 미치지 않는 중요하지 않은 거래는 회계기준을 엄격히 따르지 않고 실무편의상 간단한 방법으로 회계처리한다.
3. 중 요 성

제 14 장 재무제표의 활용

〈주관식 문제〉

01 재무제표의 종류

기본 재무제표는 재무상태표, 포괄손익계산서, 현금흐름표 및 자본변동표 등 네 가지이다. 이 중 재무상태표는 특정시점에서 기업이 보유하고 있는 경제적 자원과 채무 및 소유주지분에 관한 정보를 제공하기 위해 작성되는 정태적 재무제표이고, 포괄손익계산서, 현금흐름표 및 자본변동표는 각각 일정 기간 동안의 경영성과, 현금 및 자본의 변동을 설명해 주는 동태적 재무제표이다.

02 주 석

a, d, e, f

03 재무상태표의 유용성과 한계점

1. 유용성

(1) 기업의 재무상태에 관한 정보를 제공한다.
(2) 기업의 유동성에 관한 정보를 제공한다.
(3) 기업의 소유주지분에 관한 정보를 제공한다.

2. 한계점

(1) 자산이 일반적으로 역사적 원가로 표시되므로 정보의 목적적합성이 높지 않다.
(2) 회계처리방법이 기업 간 다를 경우(선입선출법과 평균법, 정액법과 정률법 등) 기업 간 직접 비교가 불가능하다.
(3) 인적자원, 경영자의 능력 등 질적 정보가 반영되어 있지 않다.
(4) 자산 금액(대손충당금, 감가상각누계액 등)의 추정에 자의성이 있다.

04 배당성향: 사내유보와 현금배당 비교

둘리가 옳다고 생각할 수 있다.
기업이 높은 투자수익률을 기대할 수 있는 좋은 투자 기회가 있다면 주주에게 이익을 현금배당해 주는 것보다 투자를 위해 유보하는 것이 합리적이다. 기업이 그러한 투자를 하여 애초 기대한 대로 높은 이익이 창출된다면, 주주지분의 시장가치가 증가하고, 그 결과로 주식의 시장가치가 지금 현금배당을 받는 가치 이상으로 증대하여 자본이득(주식 매매차익)의 크기가 배당소득의 크기보다 더 커질 것이다. 물론 이러한 결론은 기업 지배구조(corporate governance)의 문제가 없다는 것을 가정한다. 만일 기업이 사장이나 대주주에 의해서 지배가 되고 있어 유보된 이익을 기업가치의 극대화가 아니라 그들의 사적 목적을 추구하는 데 빼돌릴 가능성이 있다면 결론은 달라질 수 있다.

05 주가이익비율(PER)

현 주가는 예상되는 미래이익의 현재가치이나 주당이익은 과거의, 즉 지난 기의 이익이다. PER의 차이에 대해 다음의 세 가지 이유가 가능한데, 그중 첫 번째 이유가 가장 설득력이 높을 것이다.

첫째, 인터넷 벤처기업은 성장하는 기업이나 굴뚝기업은 사양하는 기업이다. 성장기업의 경우 현재의 이익에 비해 미래의 이익이 높을 것이므로 PER이 높고, 사양기업의 경우 그 반대이므로 PER이 낮다. 둘째, 인터넷기업의 경우 현재의 이익에 비해 기업가치가(즉 미래의 이익이) 과대평가되었기 때문에 PER이 높아졌을 가능성이 있다. 굴뚝기업의 경우 현재의 이익에 비해 기업가치가 과소평가되었기 때문에 PER이 낮아졌을 가능성이 있다. 셋째, 인터넷기업의 주당이익이 일시적인 손실로 인해 낮아졌다면 PER이 높게 나타나게 된다. 굴뚝기업의 경우 주당이익이 일시적인 이익으로 인해 높아졌다면 PER이 낮게 나타나게 된다.

06 주가순자산비율(PBR)

PBR은 기업의 시장가치를 순자산 장부금액으로 나눈 비율이다. 기업의 시장가치는 이론적으로 예상되는 미래이익의 현재가치이다. 따라서 PBR이 높다는 것은 기투자한 자본(즉 장부가)에 비해 예상되는 미래이익의 현재가치(즉 시가)가 높다는 것을 의미한다. 성장성이 높은 벤처기업의 경우 PBR이 높을 것이고 성장성이 낮은 굴뚝기업의 경우 PBR이 낮을 것이다.

07 배당수익률(dividend yield)

실질적인 배당수익률은 시가배당률이다. 영남전자의 액면배당률 20%는 금액으로 주당 1,000원이다. 따라서 시가배당률로 계산한 배당수익률은 0.33%에 불과하다.

배당수익률(시가배당률) = 1,000/300,000 = 0.0033 또는 0.33%

08 주당이익(EPS), 주가이익비율(PER), 주가순자산비율(PBR), 배당성향

1. EPS = ₩2,000,000÷1,000주 = ₩2,000
   보통주 1주당 순이익의 크기를 나타낸다.
2. PER = ₩18,000÷₩2,000 = 9.0배
   주가가 주당이익의 몇 배로 형성되어 있는지를 나타낸다.
3. PBR = ₩18,000÷[(₩75,000,000 − ₩42,000,000)÷1,000주] = 18/33 = 0.55배
   주가가 주당순자산의 몇 배로 형성되어 있는지를 나타낸다.
4. 배당수익률 = ₩600÷18,000 = 3.33%
   주식투자자가 받은 배당의 주가 대비 수익률을 나타낸다.

09 주당이익

보통주 당기순이익 ₩10,000,000 − (5,000×1,000주×10%) = ₩9,500,000
보통주 계속사업이익 ₩8,000,000 − (5,000×1,000주×10%) = ₩7,500,000

가중평균보통주식수

기 간	주식수		가중치	주식수
1월 1일 ~ 1월 31일	10,000주	×	1개월	10,000주
2월 1일 ~ 9월 30일	8,000주	×	8개월	64,000주
10월 1일 ~12월 31일	9,500주	×	3개월	28,500주
계			**12개월**	**102,500주**

가중평균 유통보통주식수는 102,500÷12개월 = 8,542주
따라서 주당이익 ₩9,500,000÷8,542 = ₩1,112
주당계속사업이익 ₩7,500,000÷8,542 = ₩878

10 포괄손익계산서의 작성

포괄손익계산서

(주)매일 5회계연도 1월 1일 ~ 제5회계연도 12월 31일까지 (단위: 원)

Ⅰ. 매출액		₩ 5,200
Ⅱ. 매출원가		
1. 기초상품재고액	₩ 900	
2. 당기상품순매입액	1,600	
3. 기말상품재고액	(700)	(1,800)
Ⅲ. 매출총이익		3,400
Ⅳ. 판매비와관리비		
1. 급 여	460	
2. 광고선전비	50	
3. 임차료	110	
4. 무형자산상각비	80	
5. 보험료	130	
6. 대손상각비	20	
7. 감가상각비	300	
8. 소모품비	18	
9. 접대비	175	(1,343)
Ⅴ. 영업이익		2,057
Ⅵ. 기타수익과 기타비용		
1. 단기매매증권처분이익	80	
2. 수수료수익	360	
3. 기부금	(145)	
4. 재해손실	(28)	267
Ⅶ. 금융수익과 금융비용		
1. 이자수익	90	
2. 이자비용	(120)	(30)
Ⅷ. 법인세비용차감전계속사업이익		2,294
Ⅸ. 계속사업이익법인세비용		(304)
Ⅹ. 계속사업이익		1,990
Ⅺ. 중단사업손실(법인세효과후)	(50)	(50)
Ⅻ. 당기순이익		1,940
XIII. 기타포괄이익		0
XIV. 총포괄이익		1,940

11 재무상태표의 작성

자 산	부 채
유동자산	유동부채
현금및현금성자산	단기차입금
단기금융자산	매입채무
단기대여금	미지급법인세
매출채권	선수임대료
(대손충당금)	선수금
미수이자	비유동부채
미수금	장기차입부채
선급보험료	사 채
선급금	장기차입금
재고자산	장기충당부채
	제품보증충당부채
비유동자산	기타유동부채
투자자산	장기미지급금
장기금융자산	〈부채 총계〉
장기대여금	자 본
관계기업투자	자본금
유형자산	보통주자본금
토 지	우선주자본금
건 물	자본잉여금
(감가상각누계액)	주식발행초과금
무형자산	자본조정
영업권	자기주식
산업재산권	이익잉여금
	법정적립금
	임의적립금
	미처분이익잉여금
	〈자본 총계〉
〈자산 총계〉	〈부채 및 자본 총계〉

제 15 장 재무제표 분석

〈주관식 문제〉

01 재무비율의 종류

1. 총체적인 수익성비율
2. 안정성비율
3. 활동성비율
4. 유동성비율

02 재무비율 분석의 한계

1. 비율분석은 기업의 과거 자료를 이용하므로 기업의 미래 이익창출능력인 기업가치 평가에 직접적으로 도움을 주지 못할 수 있다.
2. 여러 가지 대체적인 회계처리방법이 존재하므로 회계처리방법이 상이한 기업들을 직접 비교·평가하는 것은 불합리하다.
3. 비율분석은 공시된 재무제표 수치의 적정성 여부에 영향을 받는다. 예를 들면 역사적 원가로 기록된 재무제표에 의한 총자산회전율(매출액÷평균총자산)은 인플레이션 하에서 과대평가되는 경향이 있다.

03 동종산업 기업 간 비교 이유

W전자의 재무제표 분석 시 최근 연도 또는 일정 기간 동안의 여러 비율 및 이익률을 전자산업에 속한 다른 기업의 수치들과 비교함으로써 보다 의미 있는 평가를 할 수 있기 때문이다. 이와 같은 방법을 통해서 W전자가 경쟁기업보다 경영성과가 우수했는지의 여부 또는 재무상태가 동종 전자산업들의 다른 기업들보다 양호한지의 여부를 판단할 수 있게 된다.

04 이해관계자와 재무비율

1. 주식의 소유자는 그들에게 귀속되는 수익률을 나타내는 자기자본이익률에 가장 큰 관심을 나타낼 것이다.
2. 단기대출을 고려하는 종합금융회사는 단기부채 상환능력을 나타내는 유동비율을 가장 필요로 할 것이다.
3. 장기대출을 고려하는 은행은 지급이자에 대한 안전도를 나타내는 이자보상비율을 가

장 필요로 할 것이다.

05 재무비율의 함정

방송된 내용은 시청자를 오도할 가능성이 있다. 만일, 경기반도체의 평년 당기순이익이 120억원이었고 제1회계연도에 당기순이익이 불황으로 인해 10억원이었다가 제2회계연도에 다시 예년 수준인 120억원으로 회복되었다면 제2회계연도의 전년 대비 순이익증가율은 1,200%일 것이다. 그러나 이는 예년 수준의 회복일 뿐 "사상 유례없는 호황"이 아니다. 비율 분석을 할 때는 반드시 "여러 기간의 평균", "업계의 평균" 등과 비교하여 분석・평가해야 한다.

06 ROA와 ROE: 재무구조와의 독립성

1. 제2회계연도 부채비율 = 200억원/100억원 = 200%

   제2회계연도 ROA = (28억원 + 14억원)/300억원 = 14%

   여기서 12억원은 세후이자비용(= 20억원×0.7)이다.

   제2회계연도 ROE = 28억원/100억원 = 28%

2.

영업이익	60억원	
−)이자비용	0	(부채 없음)
세전이익	60억원	
−)법인세비용	18억원	(세전이익의 30%)
당기순이익	42억원	

따라서,

제2회계연도 ROA = 42억원/300억원 = 14%

제2회계연도 ROE = 42억원/300억원 = 14%

재무구조의 변화로 ROE는 28%에서 14%로 감소하였다. 그러나 ROA는 재무구조와 독립적으로 계산되므로 변하지 않고 14%로 동일하다.

07 재무비율계산(종합)

1. 자기자본이익률 1,664÷[(4,490+5,750)÷2]＝32.5%
2. 매출액순이익률 1,664÷22,000＝7.6%
3. 매출액영업이익률 2,798÷22,000＝12.72%
4. 유동비율 2,900÷1,450＝200%
5. 당좌비율 (350＋910)÷1,450＝86.9%
6. 부채비율 4,250÷5,750＝73.9%
7. 이자보상비율 (22,000－16,060－3,142)÷224＝12.5회
8. 매출액성장률 (22,000－16,000)÷16,000＝37.5%
9. 총자산성장률 (10,000-8,000)÷8,000＝25%
10. 총자산회전율 22,000÷9,000＝2.44회
11. 매출채권회전율 22,000÷[(900＋910)÷2]＝24.3회
12. 재고자산회전율 16,060÷[(1,400＋1,600)÷2]＝10.7회

08 추세분석

	1회계연도	2회계연도	3회계연도	4회계연도	5회계연도
매 출 액 추세	100%	110%	113%	130%	137%
매출원가 추세	100%	120%	180%	230%	300%
매출총이익률	66%	64%	47%	41%	27%

매출액 추세는 제1회계연도 기준 매년 바람직한 방향으로 증가하고 있다. 그러나 매출원가의 증가를 고려하면 그리 바람직하지 못하다. 매출원가의 증가율이 매출액의 증가율보다 크기 때문에 매출총이익률은 매년 감소하고 있다. 따라서 다음과 같은 추정이 가능하다.

(1) 매출액의 증가가 판매가격을 낮춤으로써 이루어졌을 가능성이 높다.

(2) 구매부서의 구매정책에 문제가 있거나 직원의 개인적 리베이트 등 부정이 있을 수 있다. 즉, 필요 이상의 높은 가격으로 상품을 매입했을 가능성이 높다.

09 동종산업과의 비교

1.

백분위손익계산서

다산전자	제2회계연도 1월 1일부터 12월 31일까지	(단위: %)
Ⅰ.	매출액	100%
Ⅱ.	매출원가	45%
Ⅲ.	매출총이익	55%
Ⅳ.	판매비와관리비	25%
Ⅴ.	영업이익	30%
Ⅵ.	법인세비용(30%)	9%
Ⅶ.	당기순이익	21%

2. 평 가

다산전자의 영업성과는 전자업계 평균에 비하여 상당히 양호하다. 당기순이익률은 산업평균의 1.5배에 달한다. 다산전자가 성공적인 영업성과를 보이게 된 이유는 상대적으로 높은 매출총이익률을 달성한 데 주원인이 있다. 매입(제조)원가를 절감하기 위해 구매활동(생산활동)의 효율성을 추구했으며, 매출가격의 산정이 적절했고, R&D에 대한 투자로 고객이 원하는 제품을 구매(개발)한 것으로 추정된다. 판매비와 관리비는 업계평균보다 5%포인트 정도 높으나 이는 매출처・대리점에 대한 관리, 광고비, R&D 등에 소요된 것으로 보이며 이러한 판매비와 관리비의 적절한 사용이 높은 매출총이익률을 얻게 한 주요 원인으로 추정된다.

10 영업주기의 계산

재고자산회전율＝60억원/[(10억원＋30억원)/2]＝3회

매출채권회전율＝100억원/[(20억원＋30억원)/2]＝4회

따라서, 영업주기＝(365일/3회)＋(365일/4회)＝213일

11 EVA의 계산(보론)

세후영업이익＝200억원×(1－0.25)＝150억원

투하자산＝3,000억원

세후이자율＝10%×(1－0.25)＝0.075

가중평균자본비용＝(0.075×2,000/3,000)＋(0.15×1,000/3,000)＝0.1

따라서, EVA＝150억－(3,000억원×0.1)＝－150억원

◈ 저자 약력

강선민(康善敏)

중앙대학교 경영대학 경영학사(회계학)
중앙대학교 대학원 회계학과 경영학석사
중앙대학교 대학원 회계학과 경영학박사
한국경제연구원 기업연구본부 선임연구원 역임
금융위원회 회계제도심의위원 역임
한국거래소 중소기업회계지원 자문위원 역임
현재, 중앙대학교 경영학부 교수

김병조(金炳祚)

아주대학교 경영대학 경영학과 학사
아주대학교 대학원 경영학과 경영학석사
아주대학교 대학원 경영학과 경영학박사
아주대학교 경영대학원 겸임부교수 역임
화성시사회적기업지원센터 센터장 역임
현재, 한신대학교 경영학과 교수

김진욱(金鎭煜)

건국대학교 경영학과/부동산학과 졸업
Ohio State University 회계학과 졸업
Cornell University 통계학석사
University of Oregon 경영학박사(회계학 전공)
Rutgers University 조교수 역임
금융감독원 회계제도실 자문교수 역임
현재, 건국대학교 경영대학 교수, 경영전문대학원 부원장

한봉희(韓鳳熙)

서울대학교 인문대학 언어학과 학사
미국 University of Texas at Austin 경영대학 회계학석사(MPA)
미국 University of Texas at Austin 경영대학 회계학박사(Ph.D.)
미국 University of Colorado at Boulder 조교수 역임
미국 Washington주 공인회계사
공인회계사시험 출제위원 역임
회계기준위원회 비상임위원 역임
현재, 아주대학교 경영대학 명예교수

IFRS 반영 **회계학원론 해답**(제6판)

2018년 2월 26일 초판 발행
2019년 8월 25일 2판 발행
2021년 8월 25일 3판 발행
2022년 8월 25일 4판 발행
2024년 2월 20일 5판 발행
2025년 8월 20일 6판 발행

저 자: 강선민 · 김병조 · 김진욱 · 한봉희
발행인: 윤 동 구
발행처: **창 민 사**
서울시 마포구 창전로 46 4층 401호
등 록: 1999. 10. 28/제10-1846호
전 화: 3272-1243~4
팩 스: 3272-1245
e-mail: cmbooks@hanmail.net

정가 6,000원
ISBN 979 - 11 - 92272 - 32 - 7 93320